로봇시대 인성사전

상상의집

로봇시대 인성사전

글 남상욱 | **그림** 허경미

펴낸날 2017년 7월 3일 초판 1쇄

펴낸이 김상수 | **기획·편집** 위혜정, 김새롬 | **디자인** 문정선, 김송이 | **영업·마케팅** 황형석, 서희경

펴낸곳 루크하우스 | **주소** 서울시 성동구 아차산로 143 성수빌딩 208호 | **전화** 02)468-5057~8 | **팩스** 02)468-5051

출판등록 2010년 12월 15일 제2010-59호

www.lukhouse.com cafe.naver.com/lukhouse

© 남상욱 2017
저작권자의 동의 없이 무단 복제 및 전재를 금합니다.

ISBN 979-11-5568-304-0 73370

※ 잘못된 책은 구입처에서 바꾸어 드립니다.
※ 값은 뒤표지에 있습니다.

상상의집은 (주)루크하우스의 아동출판 브랜드입니다.

로봇시대 인성사전

인공지능 시대 꼭 필요한
'마음' 안내서

상상의집

인공지능 시대를 살아가야 할 어린이를 위한 '마음' 안내서

2016년, 인공지능이 마침내 '사고'를 쳤어요.

바둑은 너무도 복잡하고 다양한 경우의 수가 많아요. 그래서 단순히 계산만 빠른 인공지능으로서는 절대 인간을 이길 수 없을 거라고 믿었던 분야였죠. 그런데 구글이 개발한 인공지능인 알파고가 세계 최정상 바둑 고수인 이세돌 기사에게 4승 1패로 승리를 거둔 거예요. 바둑 대국을 지켜보던 세계 모든 사람들은 깜짝 놀랐어요.

그 후 알파고는 세계 랭킹 1위인 중국의 커제에게도 5전 5승으로 승리하며 바둑계를 정복했어요. 그리고 74전 73승 1패라는 기록을 남기고 바둑계에서 은퇴했어요(저 1패가 바로 대한민국의 이세돌 기사가 알파고에게 빼앗은 유일한 승리예요!).

알파고의 등장 이후, 세계는 인공지능 개발에 더욱 박차를 가했어요. 인공지능은 인간보다 훨씬 더 빠르고 섬세하며 실수를 용납하지 않죠. 그래서 다양한 분야에서 인간을 대신해 활약할 가능성이 무궁무진하거든요. 인공지능 의사는 인간보다 훨씬 더 빠르고 정확하게 수술을 할 수 있겠죠. 인공지능이 탑재된 자동차가 나온다면 인간이 운전할 필요 없이 자동차가 알아서 목적지에 데려다 줄 거예요. 교통사고도 사라지겠죠! 위험한 사고 현장에 소방관들이 출동하지 않고 인공지능 소방관이 들어가 빠르게 화재를 진압하고 사람들을 구해 낼 수도 있어요.

하지만 한편에서는 인공지능의 빠른 발달을 우려하기도 해요. 인간보다 인공지능이 더 똑똑해지면, 인간은 결국 쓸모없는 존재가 되는 게 아니냐고요. 그래서 인공지능이 반란을 일으켜 인간을 공격하면 어떡하느냐고요. SF 영화 같은 이야기라고요? 하지만 알파고는 이미 세계 최고의 실력을 가진 프로 기사와 바둑 대결에서 연거푸 승리를 거둔걸요. 다른 분야에서도 인공지능이 인간을 뛰어넘는 건 시간문제예요. 이러한 상황에서 과연 인간은 인공지능 시대에 어떻게 대처해야 할까요?

가장 인간다운 것, 인간적인 것이 무엇인지 고민하는 마음가짐, 바로 인성 교육이 필요해요. 인성만큼은 아무리 인공지능이 발달해도 인공적으로 만들 수 없으니까요.

인성이란 인간이 살아가면서 닥치는 수많은 문제를 해결하기 위해 생겨난, 인간만의 고유한 능력이에요. 위인들의 시대를 뛰어넘는 문제 해결력의 바탕도 바로 인성에 있지요.

이 책과 함께라면 여러분도, 인공지능은 감히 상상할 수 없는 뛰어난 문제 해결력을 갖출 수 있어요! 앞선 시대를 살며 훌륭한 업적을 이룬 위인들이, 재미난 이야기를 통해 여러분을 도울 거고요.

그럼 어떤 위인들이 기다리고 있는지 책장을 한번 넘겨볼까요?

남상욱

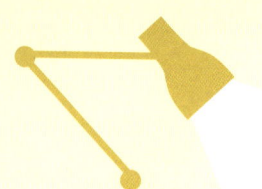

1 창의적 사고
● 8p

SF 소설가 아이작 아시모프와 '로봇 3원칙'
고고학을 배우지 않았기에 트로이 유적을 발견한 하인리히 슐리만
마음의 병을 고치기 위해 소설가가 된 루쉰
거중기를 만들어 수원 화성을 지은 실학자 정약용

첫 번째 문제 해결 인성 키워드

2 의사 결정력
● 34p

여성 최초로 의과 대학에 들어간 몬테소리 박사
독도가 조선의 영토임을 일본에 알린 민간 외교가 안용복
12척의 배로 조선의 바다를 지킨 이순신 장군

두 번째 문제 해결 인성 키워드

3 조직력
● 52p

비폭력, 불복종 운동으로 인도를 하나 되게 한 마하트마 간디
집현전을 만들어 한글을 창제한 세종대왕
3천 명의 독립군으로 3만 명의 일본군에 맞서 싸운 김좌진 장군

세 번째 문제 해결 인성 키워드

4 과제 책임감
● 70p

평생 평등의 가치를 위해 싸운 넬슨 만델라
을사조약 무효를 알리기 위해 헤이그로 향한 이준 열사
신의 음성을 듣고 프랑스를 구하기 위해 나선 소녀 잔 다르크

네 번째 문제 해결 인성 키워드

차례

5 갈등 조정 ●90p
- 제3차 세계 대전을 막아 낸 케네디 대통령
- 탕평책을 내세워 붕당을 통합하려 한 영조
- 전쟁터에 온기를 비추는 붉은 십자가를 만든 앙리 뒤낭

다섯 번째 문제 해결 인성 키워드

6 추진력 ●108p
- 20세기의 위대한 성녀 마더 테레사 수녀
- 조선의 독립을 위해 평생을 바친 백범 김구
- 가난과 편견에 맞서 싸우며 곤충을 관찰한 장 앙리 파브르

여섯 번째 문제 해결 인성 키워드

7 팀워크 ●128p
- 조선을 함께 세운 이성계와 정도전
- 서로 의지하여 비행기를 만든 라이트 형제
- 모두가 하나 되어 왜군을 물리친 진주성 전투

일곱 번째 문제 해결 인성 키워드

문제를 해결하는
인성 키워드

창의적 사고

10	SF 소설가 아이작 아시모프와 '로봇 3원칙'
17	고고학을 배우지 않았기에 트로이 유적을 발견한 하인리히 슐리만
23	마음의 병을 고치기 위해 소설가가 된 루쉰
29	거중기를 만들어 수원 화성을 지은 실학자 정약용

{ 문제 해결 인성 키워드 1.
창의적 사고 }

SF 소설가 아이작 아시모프와 '로봇 3원칙'

"과학에서 새로운 발견을 알리는 가장 신 나는 표현은
'유레카!(찾았다!)'가 아니라 '그거 재미있네'이다."

　과학이 발전하면서 과거에는 꿈도 꾸지 못하던 일들이 우리 주변에서 펼쳐지고 있어요. 그중 가장 대표적인 게 인간을 닮은 기계, 로봇의 등장이죠. 얼마 전 인공지능 알파고와 프로 기사의 팽팽한 바둑 대결은 사람들에게 커다란 충격을 주었어요. 일본에서는 사람의 표정을 보고 감정을 읽을 수 있는 로봇까지 나왔다고 해요.

　상상을 하다 보면 왠지 오싹해져요. 감정을 가진 로봇들이 인간을 쫓아내고 세상을 지배하면 어쩌죠? 많은 공상 과학 영화와 소설, 만화에서 그랬던 것처럼요.

　하지만 걱정하지 않아도 된답니다. 우리에게는 '로봇 3원칙'이 있거든요.

　로봇 3원칙이 뭐냐고요? 과학이 아무리 발달해도 로봇이 절대 인간을 해치지 못하도록 하는 안전 장치가 바로 '로봇 3원칙'이랍니다. 그 내용은 다음과 같아요.

☝ 1. 로봇은 인간에게 해를 가하거나, 혹은 행동하지 않음으로써 인간에게 해가 가도록 해서는 안 된다.
✌ 2. 로봇은 인간이 내리는 명령들에 복종해야만 한다. 다만 이러한 명령들이 제1원칙을 어길 때에는 예외로 한다.
🖐 3. 로봇은 제1원칙과 제2원칙을 어기지 않는 내에서, 자신의 몸을 보호해야만 한다.

이 3원칙만 프로그램에 입력해 놓으면 로봇이 우리를 해칠 일은 절대 없을 거예요. 어때요, 안심되지 않나요?

이런 놀라운 원칙을 만들어 낸 주인공은 바로 20세기 최고의 SF 소설가로 손꼽히는 아이작 아시모프예요.

1920년 1월 2일 구소련의 유대인 가정에서 태어난 아이작 아시모프는 세 살 무렵에 가족들과 함께 미국으로 이민을 왔어요. 그때는 몰랐지만 이 일은 아시모프 가족에게 참으로 다행스러운 일이었어요.

훗날 히틀러의 독일 군대가 구소련의 유대인들을 붙잡아가서 학살하는 비극적인 일이 일어났거든요.

유난히 똑똑했던 아시모프는 학교에 들어간 후로 1등을 놓치는 일이 없었어요. 그래서 아시모프의 아버지는 그가 의사가 될 거라고 믿어 의심치 않았죠.

하지만 언제부턴가 아시모프의 관심은 사람들이 좋아할 만한 이야기를 만드는 것에 쏠렸어요. 글쓰기는 그가 가진 끝없는 호기심을 충족시킬 수 있는 유일한 수단이었거든요. 결국 아시모프는 대학교에 들어간 후에 본격적으로

소설을 쓰기 시작해요.

 창의적 사고의 첫발은 '호기심'이야. 무엇인가를 좋아하고 궁금해하는 마음이지.

'인간 필기 기계'라는 별명이 생길 정도로 아시모프는 쓰는 일을 멈추지 않았어요. SF 소설 뿐만 아니라 여러 다양한 분야에서 500권이 넘는 책을 썼으니까요. 심지어는 1992년 세상을 떠난 후에도, 그가 미리 써 놓은 글이 계속 출간되었답니다.

 주변 세계에 관심을 갖고 끊임없이 질문하고 답하는 '노력'이 새로운 생각을 이끌어 내는군.

아시모프는 글 쓰는 일이 정말 좋아서 '만약 작가 대신 미국의 대통령이 된다면 어쩌실 겁니까?'라는 질문에 '작가를 그만두느니 차라리 죽음을 택하겠소.'라고 대답했다고 해요.

그런데 그는 단순히 자신의 만족을 위해 SF 소설을 쓴 게 아니에요.

20세기는 과학의 발달로 과거 어느 때보다 세상이 빠르게 변화하고 있었어요.

그런데 아시모프의 눈에는, 사람들이 미래에 대비하기는커녕 과거로 돌아가고 싶어 하는 것처럼 보였어요. '왜 그럴까?' 한참 고민하던 아시모프는 그 이유를 깨달았어요.

'사람들이 낯선 미래의 모습에 겁을 먹었구나. 그래서 익숙한 과거로 돌아

가고 싶어 하는 거야.'

아시모프는 이때야말로 SF 소설이 필요하다고 생각했어요. 사람들이 소설을 통해 미래의 모습을 받아들일 수 있다고 믿은 거죠. 그리고 정말 한 사업가는 아시모프가 대학 시절 쓴 단편 SF 소설 〈나는 로봇〉을 읽고 로봇 제조 회사를 만들어 큰 성공을 거두었어요. 이 소설은 2004년 윌  스미스 주연의 헐리우드 영화 〈i, ROBOT〉으로 제작되기도 했지요.

아시모프가 로봇 3원칙을 만들게 된 계기 역시 세상을 위하는 마음 때문이었어요.

아시모프가 소설가로 활동할 당시에 많은 사람들은 로봇을 '프랑켄슈타인'과 같은 괴물로 생각했어요.

결국 로봇이 인간을 해치고 말 거라는 근거 없는 두려움에 떨었죠.

하지만 아시모프는 그렇게 생각하지 않았어요.

'그래, 로봇이 정말 위험할 수도 있겠지. 하지만 인간은 로봇을 사용해 더욱 발전할 수 있어. 마치 우리 선조들이 모든 걸 태울 수 있는 불을 사용해 문명을 발전시켰듯 말이지.'

아시모프는 자신의 소설을 통해 로봇의 부정적인 이미지를 지우고, 로봇을 통제할 수 있는 방법을 사람들에게 알려 주겠다고 결심했어요. 그렇게 '로봇

3원칙'이 탄생한 것이죠.

아시모프의 작품을 본 다른 SF 소설가들은 로봇 3원칙이 훌륭한 법칙이라고 생각했어요.

그래서 그 원칙을 자신들의 작품에 고스란히 녹여냈죠. 뿐만 아니라 로봇 3원칙은 로봇을 만드는 과학자들에게도 영향을 끼쳤어요.

아시모프의 소설이 세상을 변화시킨 거예요.

지금 이 순간에도 수많은 사람들이 아시모프가 쓴 소설을 읽으며 미래 세상을 꿈꾼답니다.

아이작 아시모프에게 배우는 창의적 사고 - 호기심, 노력

아이작 아시모프가 세계 최고의 SF 소설가가 될 수 있었던 힘은 바로 '호기심'이에요. 호기심은 새롭고 신기한 것을 좋아하고 궁금해하는 마음이에요. 호기심의 눈으로 어떤 문제에 대해 끝없이 답을 내다 보면 다른 사람이 보지 못한 새로운 관계를 발견하거나 색다른 방법으로 문제를 해결할 수 있어요. 물론 문제를 해결하기 위한 끝없는 '노력'이 뒷받침되어야겠지요. 아이작 아시모프가 500권이 넘는 책을 쓴 것처럼요. 여러분은 어떤 것에 호기심을 가지나요? 그 호기심에 답을 내기 위해 어떤 노력을 하고 있나요?

{ 문제 해결 인성 키워드 1.
창의적 사고 }

고고학을 배우지 않았기에 트로이 유적을
발견한 하인리히 슐리만

"역사는 삶 그 자체이다."

어렸을 적에는 누구나 신화가 진짜 일어난 일이라고 믿어요.

〈그리스 신화〉를 읽은 후에는 하늘에서 번개라도 내리치면 올림포스의 제우스 신이 화가 났다고 생각하죠. 〈단군신화〉를 읽고서는 쑥과 마늘을 강아지에게 먹이려다 엄마에게 혼나기도 해요.

하지만 커 가면서 우리는 알게 돼요. 번개가 치는 이유는 구름 속에서 전기가 부딪쳐서이고, 동물은 아무리 쑥과 마늘을 먹어도 사람이 될 수 없다는 것을요. 그러면서 우리는 신화를 진짜라고 믿는 건 바보 같은 일이라고 생각하지요.

그런데 19세기 독일에는 어른이 되어서까지 신화를 진짜라고 믿은 바보 같은 사람이 있었어요. 그 사람의 이름은 하인리히 슐리만, 사람들이 잊고 지낸 고대 그리스 역사를 되살려 낸 훌륭한 고고학자예요.

그런데 놀라운 사실은 슐리만은 마흔 살이 될 때까지 정식으로 고고학을 공부한 적이 단 한 번도 없다는 거예요. 대체 어떻게 된 일일까요?

1822년, 독일의 작은 도시 노이부코에서 태어난 하인리히 슐리만은 어렸을 적부터 아버지에게 먼 옛날의 전설과 신화에 대한 이야기를 들었어요. 슐리만의 아버지는 목사였는데, 유적 발굴과 고대 신화에 특히 관심이 많았어요. 자연스럽게 슐리만도 전설과 신화에 관심을 갖게 되었죠.

그런 슐리만을 기특하게 여긴 아버지는 슐리만이 여덟 살 되던 해, 크리스마스 선물로 〈어린이를 위한 세계사〉라는 책을 사 줬어요. 그 책을 읽던 슐리만은 깜짝 놀랐어요. 책 속에 그려진 트로이 전쟁에 대한 그림이 정말 웅장했거든요.

슐리만은 당장 아버지에게 달려가 물었어요.

"아버지, 트로이 전쟁은 어디서 일어났나요? 정말 이렇게 웅장한 성벽이 있었나요?"

그런데 슐리만의 질문에 아버지는 난처한 표정을 지었어요.

"얘야, 트로이 전쟁은 실제 일어난 일이 아니란다. 그런 곳은 없어."

트로이 전쟁이란 그리스와 트로이, 그리고 두 나라를 돕는 신들까지 합세해 10년 동안 서로 치열하게 싸웠던 전쟁이에요. 우리가 흔히 말하는 '트로이의 목마*'도 이 이야기에서 나왔죠.

그런데 트로이 전쟁의 이야기는 역사서가 아니라 호메로스의 소설 〈일리아드**〉에 나와요. 그래서 많은 사람들이 트로이 전쟁을 그저 설화로 알고 있었죠.

하지만 슐리만은 트로이 전쟁이 실제 일어난 일이라고 믿었어요. 슐리만은 그 자리에서 결심했어요. 언젠가는 트로이 전쟁의 유적을 꼭 발굴해 내고 말 거라고요.

---

* 트로이의 목마: 그리스는 트로이를 정복하기 위해 거대한 목마 안에 병사들을 숨겨 침입하는 계략을 사용했다고 전해진다.
** 일리아드: 고대 그리스의 작가 호메로스가 지었다고 하는 가장 오래된 영웅 서사시이다.

유적을 연구하고 직접 발굴하기 위해서는 대학에서 고고학을 배워야 했어요. 하지만 슐리만은 그럴 수 없었어요. 아버지가 교회의 돈을 빼돌렸다는 누명을 쓰고 목사직에서 해고되면서 집안이 어려워졌거든요. 그때부터 슐리만은 가게 점원부터 시작해 배의 심부름꾼, 사무실의 비서 등 온갖 일을 하며 돈을 벌었어요. 외국어 공부도 열심히 했지요. 뛰어난 재능과 끊임없는 노력이 있었기에 슐리만은 곧 무역회사의 직원으로 취직해요.

그리고 20여 년간 노력한 끝에 회사도 가지고 큰 부자도 되었죠. 그때가 1864년, 슐리만의 나이는 벌써 42세였어요.

당시에는 수명이 짧았기 때문에 슐리만 또래의 성공한 사람들이라면 대개 편히 쉴 수 있는 여생을 계획했지요. 하지만 슐리만은 그렇지 않았어요. 평생의 꿈인 트로이 유적을 찾겠다고 결심했답니다.

사실 슐리만은 한 번도 트로이 유적을 발굴하겠다는 꿈을 버린 적이 없어요. 돈을 번 것도 모두 발굴을 하기 위한 것이었죠. 그때부터 슐리만은 대학에서 공부를 하며 발굴을 위한 지식을 쌓아요. 그리스에서 평생 함께할 여자를 만나 결혼도 하죠.

슐리만은 한 손에 호메로스의 〈일리아드〉를 들고 아내와 트로이를 찾기 위한 여행을 떠나요.

슐리만이 트로이 유적을 찾는 방법은 정말 독특했어요.

그는 호메로스가 단순히 상상으로 트로이 전쟁 이야기를 쓴 게 아니라고 생각했어요. 그러기에는 책의 내용이 너무도 상세했거든요.

'분명 호메로스는 실제로 트로이 전쟁이 일어난 장소를 보고 책을 썼을 거야. 그러니 책에서 묘사하는 것과 일치하는 장소를 찾아내기만 한다면, 그 아래 트로이 유적이 묻혀 있는 게 틀림없어.'

고고학자들이 보기에는 정말 말도 안 되는 소리였어요. 하지만 슐리만은 정식 고고학 교육을 받은 적이 없기 때문에 오히려 선입관에 얽매이지 않는 새로운 생각을 할 수 있었지요.

 창의적 사고를 하기 위해서는 슐리만처럼 다양한 관점으로 현상을 바라보고 새로운 질문을 하는 것이 중요해.

몇 번의 시행착오 끝에 1871년, 슐리만은 터키의 히사트리크 언덕이라는 곳을 찾아요. 그곳이 트로이 유적이 있는 곳이라고 확신하죠. 슐리만은 곧 인부들을 모아 언덕을 파헤치게 해요. 그 소식을 들은 고고학자들은 고개를 절레절레 흔들었어요.

"슐리만 저 친구, 정말 정신이 나갔군. 어떻게 책의 내용만 믿고……."

하지만 1873년, 슐리만의 나이가 51세 되던 해에 드디어 언덕 북쪽에서 황금으로 된 장신구들과 함께 트로이 성벽이 그 모습을 드러내요. 19세기 고고학 최대의 사건인 트로이 문명이 발견된 순간이었죠. 여덟 살 소년이 꾸었던 꿈이 43년 만에 현실로 이루어진 순간이었어요.

그 전까지만 해도 사이비 고고학자라는 소리를 듣던 슐리만은 한순간에 최고의 고고학자라는 칭송을 들어요.

하지만 슐리만은 거기서 멈추지 않고 계속해서 고대 문명을 발굴하기 위해 노력해요. 그 결과 트로이와 함께한 고대 문명인 미케네 문명을 발견하는 쾌거를 거둬요.

지금 수많은 사람들은 슐리만을 '현대 고고학의 아버지'라고 부른답니다.

하인리히 슐리만에게 배우는 창의적 사고 - 개방성

하인리히 슐리만은 '개방성'을 띤 사고로 트로이 문명을 찾아냈어요. 개방성이란 태도나 생각 따위가 거리낌 없이 열려 있는 상태를 말해요. 세상에 정해진 건 아무것도 없어요. 언제나 자유롭게 세상을 바라볼 수 있는 색다른 시각을 가지도록 노력해 봐요!

{ 문제 해결 인성 키워드 1. }
창의적 사고

마음의 병을 고치기 위해
소설가가 된 루쉰

"희망이란 본래 있다고도 할 수 없고 없다고도 할 수 없다.
그것은 마치 땅 위의 길과 같다. 본래 땅에는 길이 없었다. 걸어가는 사람이 많아지면
그것이 곧 길이 되는 것이다."

　의사와 작가는 겉으로 보기에는 비슷한 점이 하나도 없어 보여요. 하지만 자세히 살펴보면 의사와 작가는 분명 닮은 점이 있답니다.

　의사는 병원에서 환자와 만나요. 그리고 작가는 작품을 통해 독자와 만나죠.

　의사는 의술로 환자의 '몸의 병'을 치료해요. 작가는 작품 속 주제 의식을 통해 독자의 '마음의 병'을 치료하죠. 실제로 어떤 의사를 만나도 낫지 않던 마음의 병이 책을 읽고 사라졌다는 사람들이 많이 있어요. 그래서 작가를 '마음의 의사'라고 부르기도 한답니다.

　그래도 아직까지 의사와 작가가 다르게 생각되나요? 그렇다면 중국 현대 문학의 거장 루쉰의 이야기를 한번 들어 보세요.

　중국의 관리 가문에서 태어난 루쉰은 어렸을 적부터 총명하여 온 가족의 기대를 받았어요. 모두 루쉰이 과거시험에 급제해 뛰어난 관리가 될 거라 믿어 의심치 않았죠.

　하지만 정작 루쉰은 가족들의 그런 기대가 큰 부담이었어요. 그는 서당에서 하는 과거 공부가 하나도 재미없었거든요.

 루쉰이 살던 19세기의 중국은 서양 국가들과 일본의 침략으로 매우 혼란했어요. 그런 상황에서도 중국은 구태의연한 옛날 방식을 버리지 않았죠.

 과거시험을 잘 보기 위해서는 공자와 맹자의 글을 달달 외워야만 했어요. 루쉰은 그게 불만이었어요. 공자와 맹자의 글은 훌륭한 이야기로 가득 차 있었지만, 현재를 사는 자신과는 크게 관계없는 이야기 같았거든요.

 그래서 루쉰은 경전 공부를 하는 틈틈이 다른 책들을 찾아 읽었어요. 특히 자연과학 책을 읽으며 직접 꽃을 키워 보는 등 실제적인 지식을 얻기 위해 노력했지요.

 그러던 중, 루쉰이 과거시험에 합격하기를 간절히 바라던 할아버지가 잘못된 선택을 하고 말아요. 과거시험의 감독관에게 찾아가 손자를 합격시켜 달라고 뇌물을 바친 거죠. 그 사실이 발각되어 루쉰의 집안은 급격히 기웁니다. 할아버지는 감옥에 갇히고, 아버지는 모든 일을 그만두고 술만 마시다 돌아가시죠.

 루쉰은 기울어진 집안을 일으키기 위해 과거시험을 그만두고 육사 학당 중 하나인 광로 학당에 들어가요. 육사 학당이란 지금으로 따지면 육군사관학교 같은 곳인데, 군인이 되려는 학생들을 뽑아 공짜로 교육을 시켜 주고 생활비도 주었죠. 그리고 자연과학과 같은 실용적인 학문을 가르쳤어요. 여러모로 루쉰에게는 최고의 선택이었죠.

 루쉰은 공부를 하면 할수록 중국을 다시 일으키기 위해서는 선진 문물이 꼭 필요하다는 생각을 해요. 특히 의학을 배워 온갖 질병에 시달리는 중국의 하층민들을 치료해야겠다고 결심하죠.

 마침내 루쉰은 광로 학당을 우수한 성적으로 졸업한 뒤, 스물한 살의 나이로 일본 유학길에 올라요.

루쉰은 일본의 의학 학교에 입학해 일본인들과 경쟁하며 의학 공부에 몰두해요. 그곳에서도 루쉰은 뛰어난 성적으로 주목받죠. 누가 봐도 훌륭한 의사가 될 재목이었어요.

하지만 루쉰은 학교에서 일어난 '어떤 사건'으로 하루아침에 의학 공부를 그만두고 맙니다.

루쉰이 다닌 의학 학교에서는 가끔 일본의 제국주의를 찬양하는 슬라이드 자료를 보여 주곤 했는데, 어느 날은 전교생을 모아 놓고 일본군이 중국인을 총살하는 장면을 보여 줍니다.

그 장면을 본 루쉰은 큰 충격을 받고 말죠.

사실 루쉰이 충격을 받은 건 슬라이드 자료 때문이 아니었어요. 그 자료를 보고 환호한 일본인 학생들 때문도 아니었죠. 루쉰은 동포가 처형당하는 장면을 보면서 아무 말도 하지 못하는 중국인 학생들을 보고 큰 충격에 사로잡힌 거예요.

'중국이 계속 패배하는 이유는 중국인들의 마음에 병이 들었기 때문이야.'

루쉰은 그날로 의학 공부를 그만두었어요. 뛰어난 감수성과 관찰력을 바탕으로 문학을 공부하기 시작했죠.

 창의력과 통찰력을 키우기 위해서는 민감성이 중요해. 민감한 사람은 더 많은 것을 보고 듣고 느끼니까 말이야.

여름에는 더위에 지치고, 겨울에는 추위에 떨고, 늘 내일 먹을 것을 걱정하면서도 루쉰은 문학 공부를 게을리하지 않았어요.

그리고 드디어 1918년, 〈광인일기〉라는 소설을 발표하며 중국인들의 마음에 커다란 파문을 일으켜요.

〈광인일기〉는 세상 사람들이 서로 잡아먹는다고 믿는 어느 광인의 이야기를 다루고 있어요.

루쉰은 이 작품으로 힘을 합치지 않고 서로의 것을 빼앗는 데만 정신이 팔린 중국인들의 모습을 꾸짖어요.

이어 루쉰은 1921년, 그의 대표작으로 여겨지는 〈아Q정전〉을 발표해요. 이 작품의 주인공 아Q는 이상한 행동을 하다 매번 사람들에게 혼쭐이 나요.

하지만 실제로 졌으면서도 스스로는 승리했다고 믿는 '정신 승리법'을 통해 여전히 의기양양해하죠.

아Q의 이런 모습은 계속 서양 국가와 일본에 침략당하면서도 자기는 괜찮다고 스스로를 속이는 중국인의 모습을 떠올리게 해요.

계속해서 중국인들의 추악한 모습을 다룬 루쉰의 소설을 불편해하는 사람들도 있었어요. 루쉰을 죽이겠다고 협박하는 사람도 있었죠.

하지만 루쉰은 그런 불편함을 통해 중국인이 변하고 중국이 발전할 수 있다고 생각했어요.

1936년 10월 19일, 루쉰은 지병인 천식 발작으로 숨을 거두어요. 그 소식에 수많은 사람들이 거리로 나와 루쉰의 죽음을 슬퍼했어요.

지금도 루쉰의 작품은 많은 사람의 가슴에 남아 올바른 삶의 자세를 고민하게 합니다.

루쉰에게 배우는 창의적 사고 – 민감성

루쉰이 의학 공부를 계속했다면 '몸의 병'을 고치는 훌륭한 명의가 되었을 거예요. 하지만 루쉰은 현상 너머를 관찰하는 '민감성'으로 전 중국인의 마음을 치료하는 작가가 되었지요. 민감성을 가진 사람은 무엇인가를 느끼는 능력이나 분석하고 판단하는 능력이 빠르고 뛰어나요. 다양한 가치가 공존하는 현대 사회에서 합리적인 선택을 하기 위해 꼭 필요한 인성 덕목 가운데 하나가 바로 민감성과 공감 능력이에요.

{ 문제 해결 인성 키워드 1. }
창의적 사고

거중기를 만들어 수원 화성을 지은
실학자 정약용

"여유가 생긴 뒤에 남을 구제하려 한다면 결코 남을 구제할 날이 없을 것이며,
여가가 생긴 뒤에 책을 읽으려 한다면 결코 책을 읽을 기회가 없을 것이다."

할아버지 영조의 뒤를 이은 조선의 22대 왕 정조는 조선을 모든 백성이 살기 좋은 이상적인 나라로 만들고자 했어요. 그래서 첫 단추로 본인이 생각하는 이상적인 도시를 세우기로 마음먹었죠.

정조가 점찍은 곳은 바로 경기도 수원이었어요. 조선 시대에 수원은 교통의 요지로서 팔도의 상인들이 꼭 지나가는 중요한 곳이었거든요. 또한 임진왜란의 아픈 기억을 가지고 있던 조선에게는 외국 군대의 침략을 막을 튼튼한 성이 필요했어요. 결국 정조는 1794년, 수원에 새로운 성을 짓기로 결정해요.

"정약용에게 수원성 축조를 맡기노라!"

정조가 수원성 건설을 맡긴 정약용은 과연 어떤 사람일까요?

1762년, 경기도 광주에서 태어난 정약용은 어릴 적부터 책 읽기와 글쓰기를 즐겼어요. 열 살 이전에 쓴 시만 모아서 〈삼미자집〉이라는 책을 낼 정도였다고 하니 그 총명함이 얼마나 뛰어난지 알 수 있어요.

정조는 뛰어난 인재인 정약용을 몹시 아꼈어요. 정약용이 정식 과거에 급제도 하기 전인 성균관 유생 시절부터, 정조는 정약용을 총애했답니다.

총명한 두뇌에 왕에게 인정받는 신하! 이 정도면 승승장구해서 금방이라도 영의정 자리에 오를 것 같지만 현실은 그렇지 않았어요. 오히려 정약용은 다른 신하들에게 따돌림을 당했지요. 그건 정약용의 신념 때문이었어요.

당시 조선은 중국에서 넘어온 유교 사상만 높이 떠받들고 다른 학문들은 모두 하찮게 여기는 분위기였어요. 하지만 정약용은 생각이 달랐어요.

'유교의 정신도 중요해. 하지만 백성들의 생활에 도움이 되는 학문들도 귀하게 여겨야 해.'

정약용은 양반들이 천하게 여기던 의학, 건축학, 경제학 등을 공부했어요. 게다가 당시에는 금기시 되던 서학(천주교)도 믿었어요. 그러니 다른 양반들 눈에는 정약용이 양반의 체면을 헌신짝처럼 생각하는 무례한 인물로 보였겠지요? 하지만 정약용에 대한 정조의 신뢰는 변함없었답니다.

정조의 명을 받은 정약용은 곧바로 수원으로 내려갔어요. 그곳에는 성을 쌓기 위해 불려나온 수많은 백성들이 있었어요. 정약용은 그들을 보자 어느 때보다 강한 책임감을 느꼈어요.

성을 쌓는다는 건 그렇게 간단한 일이 아니었어요. 수많은 백성들을 불러 모아 일을 시키는데 그 기간이 5년이 될지 10년이 될지 몰랐어요. 게다가 성벽을 쌓기 위한 큰 돌을 백성들이 직접 들어서 옮기다 돌에 깔려 죽거나 다치는 불상사도 많았죠. 정약용은 결심했어요.

"저들이 다치지 않고, 하루라도 빨리 가족의 품으로 돌아갈 수 있게 해 줘야 해."

그러기 위해서는 지금까지와는 다른 획기적인 건축 기술이 필요했어요. 정약용은 새로운 문물이 담긴 책들을 구해 방법을 찾기 시작했어요. 하지만 책을 구하는 일은 생각보다 쉽지 않았어요. 당시에는 외국에서 가져온 책들을 모두 궁궐 깊숙이 숨겨 두었거든요. 혹시나 나쁜 생각을 가진 무리들이 새로운 기술이 담긴 책을 보고 나라를 어지럽힐까 봐 그랬던 거예요.

다른 사람 같으면 금세 포기했을 테지만 정약용은 과업에 집착하며 어떻게든 새로운 건축술을 찾아내려고 했죠.

 정약용이 끝까지 노력할 수 있었던 것은 백성들에 대한 배려와 책임감 때문이야. 그 마음이 거중기라는 발명품을 만들어 낸 거지.

그 사실을 안 정조가 그를 불러 책 한 권을 건네주었어요. 그건 선교사 요한 테렌스가 쓴 〈기기도설〉이라는 책으로, 여러 종류의 기계에 대한 내용이 담겨 있었죠.

그 책을 읽은 정약용은 뛸 듯이 기뻤어요. 수원성을 쉽게 쌓을 방법이 떠올랐거든요. 그는 곧바로 자신의 머릿속에 떠오른 기계를 실제로 만들어 내기 시작했어요.

며칠 후, 수원성 공사 현장에는 사람들이 난생 처음 보는 기계가 세워졌어요. 백성들은 처음에 그게 뭔가 싶어 의아한 눈으로 바라보았죠.

하지만 잠시 후, 입이 떡 벌어지는 사건이 일어났어요. 열 명은 있어야 겨우 들 수 있는 커다란 돌이, 두세 명만 있어도 번쩍 들리는 게 아니겠어요?

그 기계가 바로 정약용이 발명한 거중기(무거운 것을 드는 기계라는 뜻)예요. 도르래의 원리를 이용해 작은 힘으로 무거운 물건을 들 수 있게 만든 것이죠.

10년은 걸릴 거라고 생각했던 수원성 공사가 거중기를 사용하니 무려 2년 만에 끝나고 말았어요. 모두 백성을 위해 새로운 방법을 창안한 정약용의 노력 덕분이었죠.

정조가 이른 나이에 병으로 세상을 떠난 뒤, 정약용은 천주교를 믿었다는 죄로 귀양살이를 떠나요. 18년 동안의 기나긴 유배 생활 중에도 나라와 백성을 생각하는 정약용의 마음은 달라지지 않았어요. 목민관들이 지켜야 할 지침을 담은, 정약용의 대표작 〈목민심서〉도 유배 기간 동안 쓴 책이랍니다.

정약용에게 배우는 창의적 사고 - 과제 집착력

사람들은 익숙한 것을 좋아해요. 그게 편하기 때문이죠. 하지만 정약용은 새롭고 신기한 것을 좋아하고 궁금한 부분에 대해 끝까지 답을 찾아내는 '과제 집착력'으로 어려운 문제도 쉽게 해결했어요. 거중기가 그 대표적인 예랍니다.

문제를 해결하는
인성 키워드

의사 결정력

36 여성 최초로 의과 대학에 들어간 몬테소리 박사
41 독도가 조선의 영토임을 일본에 알린 민간 외교가 안용복
46 12척의 배로 조선의 바다를 지킨 이순신 장군

{ 문제 해결 인성 키워드 2. **의사 결정력** }

여성 최초로 의과 대학에 들어간
몬테소리 박사

"당신이 높은 곳에 오르려고 하는데 누군가 당신을 밑으로 끌어내리려 한다면
당신의 선택은 두 가지이다. 밑으로 내려가 그와 싸우거나
아니면 그의 손이 닿지 않을 정도로 높은 곳으로 올라가는 것이다."

　요즘은 어느 병원에서나 여자 의사 선생님을 쉽게 만날 수 있어요. 하지만 여자가 의사가 된다는 걸 상상도 하지 못했던 시대가 있었답니다. 예를 들면 19세기의 이탈리아 같은 곳 말이죠.

　1870년 이탈리아에서 태어난 마리아 몬테소리는 어릴 적부터 여러모로 독특한 아이였답니다. 예를 하나 들어 볼까요?

　몬테소리의 부모님은 연극 보는 걸 좋아해 종종 몬테소리를 데리고 극장 나들이를 갔답니다. 그럴 때마다 몬테소리가 꼭 챙기는 게 있었는데 다름 아닌 수학책이었어요. 연극이 재미없으면 수학 문제를 풀기 위해서였죠. 그녀는 과목 중에 수학을 가장 좋아했거든요. 어때요, 정말 독특하지 않나요?

　어렸을 적 몬테소리의 꿈은 엔지니어였어요. 그래서 초등학교를 졸업하고 남자들이 주로 가는 기술학교에 입학했죠. 하지만 당시에는 여자가 엔지니어가 된다는 것은 상상도 할 수 없었어요. 결국 몬테소리는 아버지의 반대로 기술학교를 그만두는 수밖에 없었지요. 하지만 그때 이미 몬테소리의 마음속에서는 새로운 꿈이 싹트고 있었어요. 의사라는 꿈 말이에요. 문제는 19세기 이탈리아에서 여자가 의사가 된다는 것은 엔지니어가 된다는 것보다 훨씬 더 말도 안 되는 일이었다는 거예요. 당시 이탈리아 최고의 의학 대학이었던 로마 의학 대학에서는 개교 이래 여학생의 입학을 허가한 적이 단 한 번도 없었거든요. 몬테소리 역시 로마 의학 대학에 입학 허가를 요청했지만 거절당했어요. 그러자 그녀는 이탈리아의 왕과 로마의 교황을 찾아가 자신의 처지를 알리고 간청했어요.

"여자가 의사가 될 수 없다는 말은 법전에도 없고 성경에도 없습니다. 제발 제가 의학 공부를 할 수 있도록 해 주세요."

결국 왕과 교황의 도움으로 몬테소리는 로마 의학 대학에 입학할 수 있었어요. 물론 그 후로도 수많은 어려움이 그녀를 덮쳤죠. 아버지의 반대, 남학생들의 무시, 그리고 남학생들이 모두 돌아간 후 홀로 밤에 해야 하는 시체 해부 수업까지. 하지만 그 어떤 것도 그녀의 도전 정신을 꺾을 수는 없었어요. 결국 몬테소리는 뛰어난 성적으로 의학 대학을 졸업하고 이탈리아 최초의 여자 의사가 되었어요.

 자신의 일을 주체적으로 해결하는 능력을 의사 결정력이라고 해. 몬테소리는 세상의 편견에 맞서는 도전 정신을 발휘하며 스스로 미래를 개척했어. 정말 놀라워.

몬테소리는 정신과 의사를 선택했고, 아이들을 대상으로 세워진 정신 병동에서 근무를 시작해요. 그런데 몬테소리의 눈에 그곳에 있는 아이들은 정신병이 있는 게 아니었어요. 마음에 상처가 있을 뿐, 적절한 교육만 받으면 여느 아이들처럼 성장할 수 있었어요.

하지만 정신 병동에 근무하는 직원들은 아이들을 가르치는 데 전혀 관심이 없었어요. 그저 아이들이 아무 말썽도 부리지 않게 하기 위해 몽둥이를 들고 엄하게 꾸짖을 뿐이었죠.

몬테소리는 곧 정신장애를 겪는 아이들을 제대로 교육시킬 수 있는 방법을 찾아 연구하기 시작했어요. 그러다 몬테소리의 시선은 더 넓은 곳으로 뻗어 나갔어요. 사실 그때까지만 해도 아이들을 가르치는 올바른 교육법이라는 것이 존재하지 않았어요. 어른들 눈에 아이들은 아무것도 모르는 골칫거리이자, 한 사람 몫을 하기에 부족한 존재들이었어요. 그래서 어른들이 아이들에게 가장 많이 하는 말은 바로 "하지 마!"였지요.

그러다 보니 빈민층에서 태어난 아이들은 제대로 된 교육을 받지 못했어요. 나쁜 어른들의 꼬임에 빠져 범죄를 저지르다 평생 감옥에 갇혀 사는 경우도 많았죠. 이를 보다 못한 몬테소리는 결국 미래가 보장된 의사 일을 그만뒀어요. 그리고 로마 대학에 다시 입학해 교육학을 배웠죠.

1907년 1월 6일, 로마 대학을 졸업한 몬테소리는 로마의 빈민층이 모여 사는 곳에 '카사 데 밤비니'(어린이의 집)를 세워요. 제대로 보살핌을 받지 못하는 아이들을 위해 봉사하기로 결심한 것이죠.

몬테소리의 교육 방법은 사실 특이할 것이 하나도 없었어요. 그저 아이들을 믿어 줄 뿐이었어요. 그녀는 아이들이 무엇이든 할 수 있는 존재이고, 어른들은 그런 아이들이 자유롭게 생각을 펼칠 수 있도록 도와주기만 하면 된다고 믿었어요. 주체성을 최대한 키울 수 있는 환경을 만들어 주고 아이들이 도움을 요청할 때만 도와주었지요.

'카사 데 밤비니'를 방문한 교육자들은 누구나 깜짝 놀랐어요. 그곳에서는 아이들이 스스로 하고 싶은 공부를 했어요. 그리고 공부가 끝나면 자기가 쓴 물건을 제자리에 놓고 청소를 했죠. 마치 어른들처럼요!

몬테소리의 교육법은 폭발적인 인기를 끌었어요. 전 세계의 교육자들이 그녀를 만나고 싶어 했어요. 그녀는 세계 곳곳을 다니며 자신의 교육법을 알렸어요. 그녀의 이름을 딴 몬테소리 협회들이 여기저기 생겨났고, '몬테소리 교육법'은 아이들을 위한 가장 중요한 교육법이 되었답니다.

마리아 몬테소리에게 배우는 의사 결정력 – 도전 정신, 주체성

마리아 몬테소리는 세상의 편견에 맞서 싸우는 '도전 정신'과 '주체성'으로 스스로 미래를 개척해 이탈리아 최초의 여자 의사가 되었어요.

"당신이 높은 곳에 오르려고 하는데 누군가 당신을 밑으로 끌어내리려 한다면 당신의 선택은 두 가지이다. 밑으로 내려가 그와 싸우거나 아니면 그의 손이 닿지 않을 정도로 높은 곳으로 올라가는 것이다."

바로 마리아 몬테소리가 남긴 명언이랍니다.

{ 문제 해결 인성 키워드 2. }
의사 결정력

독도가 조선의 영토임을 일본에 알린
민간 외교가 안용복

"'죽도'(울릉도), '송도'(독도)가 강원도에 속한 조선의 영토이다."
– 일본에서 발견된 1696년 안용복 관련 조사 보고서 中

　조선 시대에는 '공도 정책'이라는 게 있었어요. 섬에 사는 사람들을 모두 육지로 불러들이고, 섬을 비워 두는 것이었죠. 당시에는 일본 해적들이 자꾸 쳐들어와 섬에 사는 조선인들을 괴롭히는 일이 많았거든요. 그래서 조선 왕실에서는 조선인들을 보호하기 위해 공도 정책을 편 것이지요. 그렇다고 일본 어민들이 조선의 섬에 와서 낚시를 하고 약초를 캐 가는 일이 줄어드는 건 아니었어요.

　1693년의 어느 날, 조선의 평범한 어부 안용복은 다른 어부들과 함께 울릉도 근처에서 생선을 잡고 있었어요. 그런데 자세히 보니 울릉도에 배 한 척이 정박해 있는 게 아니겠어요? 바로 일본 어선이었어요.

　"아니, 왜 일본인들이 조선 섬에서 고기를 잡고 있는 거야?"

　안용복은 잔뜩 화가 나 배를 몰고 일본 어선으로 다가갔어요. 배 위에서 한창 그물질을 하던 일본 어부들은 무슨 일인가 싶어 안용복을 바라보았죠.

　"너희들! 여기서 뭐하는 거야? 여긴 조선 땅이라고!"

　부산에서 태어나 일본 상인들과 만나는 일이 많았던 안용복은 능숙한 일본어로 그들을 꾸짖었어요.

그런데 안용복의 말에 일본 어부들은 겁을 먹기는커녕 콧방귀를 뀌었어요.

"그게 무슨 말이야! 여긴 일본 땅이야. 쇼군(일본의 최고 권력자)께서 주신 어업 허가증도 있다고!"

그 말을 들은 안용복은 더욱 화가 났어요.

'감히 우리 조선 땅에 함부로 넘어온 것도 모자라서, 울릉도를 일본 땅이라고 주장해?'

화가 난 안용복은 박어둔을 비롯한 동료 어부들과 함께 일본 어부를 내쫓기 위한 싸움을 벌였어요. 하지만 일본 어부들의 수가 훨씬 많았던 탓에 오히려 잡히고 말았죠. 일본 어부들은 안용복과 박어둔을 일본으로 납치해 갔어요.

보통 사람 같으면 벌벌 떨며 용서를 빌었을 테지만, 안용복은 오히려 당당하게 일본 어부들에게 외쳤어요.

"너희 같은 잔챙이들과는 할 말 없다! 이곳에서 가장 높은 사람을 불러와!"

용감하게 큰소리치는 안용복의 모습에 오히려 겁을 먹은 건 일본 어부들이었어요.

안용복은 조선이 다른 나라에 의지하지 않고 스스로 발전해 나가야 한다고 믿었어. 그가 용감하게 행동할 수 있었던 것은 자주성에 대한 확고한 믿음이 있었기 때문이야.

그들은 안용복을 지역을 통치하는 관리에게 보냈어요.

그런데 놀랍게도 일본 관리는 안용복을 극진히 대접하는 게 아니겠어요?

사실 일본의 관리들은 울릉도가 조선의 영토임을 잘 알고 있었어요. 그러니 안용복을 납치한 것이 명백한 일본의 잘못이라는 것도 알고 있었죠. 일본 관리는 혹시 조선 정부에서 이번 일을 가지고 화를 낼까 봐 겁을 먹은 것이었죠.

일본 관리에게 한껏 좋은 대접을 받은 안용복은 의기양양하게 조선으로 돌아갔어요. 이제 다시는 일본 어부들이 함부로 울릉도로 넘어오지 않을 거라는 생각에 기분이 좋았죠. 하지만 안용복의 예상은 빗나갔어요. 조선의 수군으로는 드넓은 동해 바다를 모두 지킬 수 없었어요. 그 후로도 일본 어부들은 종종 몰래 울릉도에 와서 고기를 잡고 약초를 캐 갔어요.

그 모습을 보다 못한 안용복은 일본을 따끔하게 깨우치기 위한 계획을 세워요. 보통 사람들은 상상도 할 수 없을 정도로 대범한 계획을 말이죠.

안용복이 일본에 다녀온 지 3년 후인 1696년, 안용복은 자신의 동료들을 데리고 일본으로 향해요. 일본인들은 갑자기 찾아온 안용복 일행을 보고 깜짝 놀라죠. 그리고 안용복이 한 말을 듣고 더욱 놀랐어요. 대체 안용복은 무슨 말을 했을까요?

"나는 울릉도와 독도가 조선의 영토라는 사실을 알리기 위해 온 조선의 관리다. 쇼군이 있는 곳은 어딘가?"

안용복은 자신의 정체를 속이고 일본 관리들에게 울릉도와 독도가 조선의 영토라는 것을 확인받기로 한 거예요. 위풍당당한 안용복의 모습에 일본인들은 그가 조선의 관리라고 철썩 같이 믿었어요. 그러나 순조롭게 진행되던 안용복의 계획은 난관에 부딪쳤어요. 안용복이 조선의 관리를 사칭하고 일본에 직접 쳐들어 가 국제 문제를 일으켰다는 이유로 조선 조정해서 그를 불러들인 것이죠.

1696년 8월, 안용복은 조선으로 돌아와요. 병사들은 중죄인을 심판하는 의금부로 안용복을 끌고 갔죠.

많은 신하들이 안용복을 사형시키라고 했지만, 영의정 남구만은 생각이 달랐어요. 일본 전역에 조선의 자주성을 당당하게 알린 사람은 분명 안용복이었으니까요.

남구만의 건의로 안용복은 사형을 면하는 대신, 먼 곳으로 귀양을 갔어요. 이후 안용복이 어떻게 살았는지는 전해지지 않고 있어요.

울릉도와 독도가 조선의 땅임을 증명한 안용복. 우리 역사는 안용복을 최초의 민간 외교가로 기억해요.

안용복에게 배우는 의사 결정력 - 용기, 자주성

신분제도가 엄격한 조선 시대에 조선의 관리로 위장해서 일본에 쳐들어가 조선의 '자주성'을 알린 안용복. 안용복의 '용기'에 감탄을 금하지 않을 수 없어요. 이런 안용복의 정신을 본받아 일본에 당당하게 말해요. "독도는 우리 땅!"

{ 문제 해결 인성 키워드 2. **의사 결정력** }

12척의 배로 조선의 바다를 지킨
이순신 장군

"필사즉생, 필생즉사!
죽고자 하면 살 것이고, 살고자 하면 죽을 것이다.
우리 모두가 죽을 각오로 싸운다면
우리의 형제 가족을, 우리의 나라를 지킬 수 있을 것이다!"

    1592년, 조선을 침략하고자 하는 야욕을 가진 일본의 최고 권력자 도요토미 히데요시는 20만 명의 군사를 모아 전쟁을 벌였어요. 왜군들은 조선의 병사들과 백성들을 무참히 짓밟으며 한양으로 진격했어요. 그 소식을 전해 들은 조선의 왕 선조는 다급히 피난길에 올랐어요. 한 나라의 왕이 자신의 안전을 위해 수도를 버리고 도망친 것이죠. 이 사실에 왜군은 신이 났어요.

"왕이 조선을 버렸다! 조선은 이제 우리 것이다!"

    하지만 왜군의 예상은 보기 좋게 빗나갔어요. 왕이 조선을 버렸다 해도, 백성들은 조선을 버리지 않았거든요. 전국에서 의병들이 들불처럼 일어나 왜군과 맞서 싸우기 시작했어요. 갑작스러운 의병의 반격에 왜군들은 당황했어요. 하지만 자신들의 승리를 의심하지는 않았죠.

"곧 더 많은 군대와 물자가 바다를 건너올 것이다. 그럼 너희도 끝장이다."

    그런데 일본을 출발한 배들은 조선에 닿기도 전에 모두 바닷속으로 가라앉아 버렸어요. 이순신 장군의 활약 덕분이었죠.

    임진왜란 때 조선을 지킨 수많은 영웅 중에서도 이순신 장군의 활약은 단연 돋보였어요. 만약 이순신 장군이 없었다면 계속 밀려오는 왜군을 막을 수 없었을 거예요. 백성들 사이에서 이순신 장군의 인기는 하늘을 찔렀지요.

하지만 이순신 장군의 인기가 높아지는 걸 못마땅해하는 사람이 있었어요. 바로 함께 싸우던 장수 원균이에요.

"흥. 나한테 맡겨만 줘 보라지. 그럼 이순신보다 훨씬 더 잘해 낼 수 있다고."

질투심에 불타던 원균은 결국 이순신이 왕의 명령을 무시한다는 거짓 보고를 했어요. 그렇지 않아도 이순신 때문에 왕의 자리가 위태롭다고 생각한 선조는 곧바로 이순신을 파직하고 감옥에 집어넣었어요. 그리고 이순신이 맡고 있던 삼도수군통제사(지금의 해군참모총장) 자리에 원균을 앉혔지요.

그 결과, 1597년 7월 칠천량해전에서 지휘관 원균의 실수로 조선 수군은 대패하고 말아요. 대부분의 배가 가라앉고, 수많은 수군이 목숨을 잃었죠. 원균도 이 전투에서 목숨을 잃고 말죠.

조선 수군이 크게 패했다는 소식은 곧바로 도요토미의 귀에 들어갔어요.

"지금이 기회다!"

곧 왜군은 300여 척의 배를 몰고 한강을 통해 한양으로 바로 쳐들어갈 계획을 세웠죠.

조선 수군에게 남은 건 겨우 목숨을 건진 병사들과 배 12척뿐이었어요. 선조는 수군에게 바다를 포기하고 육군과 힘을 합쳐 싸우라는 명령을 내렸어요.

하지만 그 명령을 거부한 이가 있었어요. 원균이 전사한 후 다시 삼도수군통제사의 자리에 오른 이순신 장군이었어요.

이순신은 바다를 버리는 것은 곧 조선을 버리는 것과 같다고 믿었어요. 그

래서 아무리 불리한 상황이더라도 결국 바다에서 적을 맞이해 싸워야 한다고 생각했죠. 자기 목숨을 지키려 한다면 절대 할 수 없는 무모한 선택이었어요. 하지만 조선의 백성을 지키고 나라를 위해 목숨 걸 각오가 되어 있는 이순신에게는 물러설 수 없는 선택이었어요.

이순신은 직접 선조에게 편지를 써서 바쳐요. 그 내용은 이러하답니다.

> 신에게는 아직 열두 척의 배가 남아 있사옵니다. 죽을힘을 다하여 막아 싸운다면 능히 막을 수 있사옵니다. 비록 배의 수는 적지만 신이 죽지 않은 한 적이 감히 우리를 업신여기지 못할 것입니다.

그리고 나서 이순신은 수군들을 불러 모아요. 그 전의 전투에서 너무도 끔찍한 패배를 당한 탓에, 수군의 사기는 크게 꺾여 있었어요. 이미 도망친 병사들도 있었어요.

이순신은 그들의 마음을 이해했어요. 하지만 그렇다고 해서 전투를 피할 수는 없었죠. 이순신은 수군을 향해 외쳤어요.

"필사즉생, 필생즉사! 죽고자 하면 살 것이고, 살고자 하면 죽을 것이다. 우리 모두가 죽을 각오로 싸운다면 우리의 형제 가족을, 우리의 나라를 지킬 수 있을 것이다!"

이순신의 진심어린 외침은 수군들의 마음을 움직였어요. 결국 수군들은 이순신을 따라 죽을 각오로 싸우기로 마음먹어요.

칠천량해전에서 침몰하지 않은 배 열두 척과 새로 건조한 한 척. 총 열세 척의 배를 이끌고 이순신은 바다로 향해요. 이순신의 목적지는 왜군의 배가 한양으로 가려면 꼭 거쳐야 하는 길목인 울돌목이었죠.

'그곳이라면 물살이 세고 길목이 좁아 한 번 싸워 볼 만하다.'

열세 척과 삼백 척의 싸움. 아무리 생각해도 이길 수 없는 싸움이지만, 이순신은 한 번도 진다는 생각을 하지 않았어요. 이길 수 있다는 자신감, 그것이 이순신의 가장 큰 무기였죠.

 '자신감'은 나 자신에 대한 믿음과 존중, 내가 하고자 하는 일에 대한 확신이 있을 때 나타나. 이순신 장군이 13척의 배로 300척의 배를 가진 왜군과 싸워 승리할 수 있었던 힘이 여기에 있어.

1597년 9월 16일, 그날 이순신은 열세 척의 배로 삼백 척의 왜군을 막아 내고 세계 전쟁사에 길이 남을 기적과도 같은 승리를 이뤄 내요. 그 전투가 바로 조선의 3대 해전이라 불리는 '명량대첩'이랍니다.

이순신에게 배우는 의사 결정력 – 자신감

명량대첩의 승리는 단순히 이순신 장군 혼자만의 승리가 아니에요. 나라와 민족을 지키기 위해 목숨 걸고 함께 싸운 조선 수군의 승리죠. 옳은 일에 용기와 '자신감'을 갖고 도전한다면 아무리 어려운 일이라도 이겨낼 수 있답니다. "'할 수 있다'고 말하면 결국 해 내게 된다."는 명언처럼요.

문제를 해결하는
인성 키워드

조직력

54	비폭력, 불복종 운동으로 인도를 하나 되게 한 마하트마 간디
59	집현전을 만들어 한글을 창제한 세종대왕
64	3천 명의 독립군으로 3만 명의 일본군에 맞서 싸운 김좌진 장군

{ 문제 해결 인성 키워드 3. }
조직력

비폭력, 불복종 운동으로 인도를 하나 되게 한
마하트마 간디

"'눈에는 눈' 식으로 하면 결국 온 세상의 눈이 멀게 된다."

"항상 생각과 말과 행동이 완전한 조화를 이루도록 하라.
늘 생각을 정화하는 것을 목표로 하면 모든 것이 잘될 것이다."

자기관리　　　　　　　공동체 의식

　18세기, 영국은 풍부한 자원이 넘쳐 나는 인도를 식민지로 삼았어요. 영국이 인도를 다스리는 방식은 '당근과 채찍'이었어요. 영국은 인도인들에게 영국식 교육을 실시하며 영국에 대한 친밀감을 높였어요. 그러다가도 혁명의 움직임이 보이면 영국군을 동원하여 사람들을 공포에 떨게 했죠. 그러면서 영국은 인도를 자신들의 완전한 식민지로 만들어 가고 있었어요.

　인도의 지식인들은 그 모습을 보며 위기감을 느꼈어요.

　"이러다간 인도의 숭고한 정신이 사라지고 말겠어. 어서 영국에게서 독립해야 해."

　인도의 지식인들은 다급히 인도의 민중들을 하나로 모아 독립운동을 하려고 했어요.

　그런데 지식인들부터 하나가 되기는커녕 '평화롭게 한 걸음씩 독립을 이뤄 나가야 한다는 온건파'와 '피를 흘리더라도 하루 빨리 독립을 이뤄내야 한다는 급진파'로 나뉘고 말아요.

　급진파와 온건파가 독립운동의 방향을 놓고 대립하던 20세기 초, 한 인물이 나타나 인도인들을 하나로 만들어요. 그가 바로 인도의 위대한 영혼, 마하트마 간디예요.

1869년 10월 2일, 인도의 부유한 가정에서 태어난 간디는 어렸을 적만 해도 인도의 독립에는 큰 관심이 없었어요. 오히려 1887년에 영국이 아프리카의 보어족과 전쟁을 벌일 때, 영국군으로 전쟁에 뛰어들려고 한 걸로 봐서는 영국에 호의적인 마음을 가지고 있었던 게 분명해요.

신체검사에서 탈락해 군인이 되지 못한 간디는 1888년에 영국의 수도 런던으로 가 변호사 공부를 시작해요. 뛰어난 학생이었던 간디는 3년 만에 변호사 자격증을 따고, 인도의 대도시인 봄베이에서 변호사 활동을 해요.

그때까지만 해도 간디는 인도의 독립에 대해 별 관심이 없었어요. 그러던 중, 간디의 인생을 완전히 뒤바꿔 놓는 사건이 벌어져요.

1893년, 간디는 변호사 업무를 위해 남아프리카로 출장을 갔어요. 그런데 남아프리카에 도착하자마자 간디는 백인들에게 온갖 박해를 당해요. 호텔과 기차역에서는 간디를 손님으로 받지 않으려 했고, 길을 걸으면 온갖 욕설이 날아왔죠. 심지어는 주먹이 날아오는 일도 있었어요.

간디는 두려움에 몸서리치며 얼른 인도로 돌아가려 했죠. 그때 그의 눈에 수많은 인도인들이 백인에게 박해당하는 모습이 들어왔어요.

'이건 말도 안 돼! 단지 인도인이라는 이유만으로 이렇게 고통받다니!'

간디는 인도로 돌아가는 걸 미루고 아프리카의 인도인들을 위해 변호사 일을 하기로 마음먹었어요.

처음에는 한두 달 정도 머물다 갈 생각이었어요. 하지만 그 후 간디는 20년을 남아프리카에 머무르며 인도인을 위해 싸웠어요. 하지만 그는 폭력에는 반대했어요. 간디는 인도인과 백인이 함께 공존하며 살아야 진정한 평화가 온다고 믿었어요. 그때부터 간디의 상징인 비폭력 운동이 시작된 거예요.

1914년, 제1차 세계 대전이 일어나며 전 세계가 전쟁의 소용돌이에 휩싸여요. 남아프리카 역시 예외는 아니었죠. 결국 1915년에 간디는 46세의 나이로 가족들과 함께 인도로 돌아가요.

제1차 세계 대전을 일으킨 독일에 맞서 싸우던 영국은 인도인들에게 도움을 호소해요.

"이번 전쟁만 끝나면 인도를 독립시켜 주겠으니, 우리를 도와주시오!"

그 말을 철썩 같이 믿은 인도인들은 영국을 위해 헌신해요. 하지만 1918년에 전쟁이 끝나자마자 영국은 자신의 말을 손바닥 뒤집듯 바꾸어 버려요. 화가 난 인도인들은 인도에서 영국의 명령을 듣지 않겠다며 '불복종 운동'을 펼쳐요. 그 운동의 지도자가 바로 간디였죠.

간디가 인도 민중의 지지를 받게 된 건 그의 자기관리 능력 때문이에요. 변호사로서 풍족한 삶을 살 수 있음에도 불구하고 민중들과 함께 생활하는 모습이 존경을 이끌어낸 것이죠.

 간디의 자기관리 능력이 인도인들의 마음을 하나로 모았어. 간디는 과격하고 급진적인 운동 대신 비폭력·불복종 운동으로 인도의 독립 운동을 이끌었지.

인도 독립운동의 지도자가 된 간디의 목표는 인도의 모든 사람들이 하나가 되는 것이었어요. 간디는 종교, 신분, 인종의 문제로 인도인끼리 대립한다면 절대 인도는 독립할 수 없으며, 이것이야말로 영국이 가장 바라는 일이라고 믿었죠. 그래서 간디는 영국을 향해 비폭력, 불복종 운동을 펼치는 한편, 차별받는 인도인의 권리를 찾아 주는 일에도 힘썼어요.

1947년, 인도는 기나긴 식민지 신세에서 벗어나 드디어 독립을 이루었어요. 모두들 독립의 기쁨에 즐거워했지만, 간디는 그럴 수 없었어요. 인도 내의 이슬람교인들이 파키스탄이라는 새로운 나라를 세워서 독립하고 말았거든요. 인도가 둘로 나뉘어진 거죠.

간디는 남은 인생을 인도와 파키스탄의 통일을 위해 바치기로 했어요. 하지만 간디의 노력은 결국 실패로 끝나죠.

1948년 1월, 힌두교 과격파 청년이 쏜 총에 간디는 그만 숨을 거두고 말아요. 한평생 인도를 위해 살았던 간디. 아직도 그의 이름 아래서 수많은 인도인들은 하나가 된답니다.

간디에게 배우는 조직력 - 자기관리와 공동체 의식

간디는 변호사로서 풍족한 삶을 누릴 수 있었고, 급진적인 방향으로 인도의 독립운동을 이끌 수도 있었으나, 보다 가치있는 삶을 추구하기 위해 항상 자신의 감정을 통제했어요. 또 탄탄한 '공동체 의식'이 있다면 싸우지 않고도 원하는 바를 이룰 수 있다는 것을 민중들에게 깨닫게 해 주었지요. 이런 '자기관리' 능력과 비폭력 정신이 수많은 인도인을 하나로 만들 수 있었답니다.

{ 문제 해결 인성 키워드 3.
조직력 }

집현전을 만들어 한글을 창제한
세종대왕

"내가 꿈꾸는 태평성대는
백성이 하려고 하는 일을 원만하게 하는 세상이다."

역사 퀴즈 하나 내 볼까요? 다음 업적을 이룬 조선 시대의 왕은 누구일까요?

* 대마도를 정벌하여 왜구를 쫓아낸 왕.
* 우리나라를 침범하던 여진족을 쫓아내고 조선의 영토를 넓힌 왕.
* 비가 얼마나 내렸는지 알 수 있는 측우기, 시간을 알 수 있는 물시계와 해시계, 밤하늘을 관찰할 수 있는 천문 기구를 만들게 한 왕.
* 중국의 음악을 따라하던 궁중음악을 버리고 조선의 궁중음악을 새로 만들고 직접 작곡도 한 왕.

이 왕의 이름, 다들 알고 있죠? 바로 조선 시대 최고의 성군이라 일컬어지는 세종대왕이랍니다.

앞의 업적들도 훌륭하지만 우리가 세종대왕을 존경하는 가장 큰 이유는 따로 있어요. 바로, 백성들을 위해 한글을 창제했기 때문이죠.

과거 우리나라에는 우리만의 글이 존재하지 않았어요. 그래서 우리의 생각을 표현하고, 중요한 정보를 기록하기 위해 중국의 글자인 한자를 빌려 왔어요. 하지만 한자는 하나의 글자에 하나의 뜻만 담을 수 있는 '표의문자'예요. 그래서 다양한 생각을 이야기하기 위해서는 그만큼 많은 글자를 외워야만 했어요. 당연히 공부할 시간도 많이 필요했죠. 그러다 보니 한자를 읽고 공부를 하는 건 양반의 전유물이 되었고, 하루 벌어 하루 살기 바쁜 대부분의 백성들은 글을 읽지 못하는 까막눈으로 살아야 했어요.

그런 상황을 세종대왕은 몹시 안타깝게 여겼어요.

"조선은 백성의 나라다. 그런데 그들이 글을 읽지 못해 깨우치지 못한다면 이 나라는 곧 망하고 말 것이다."

결국 세종대왕은 백성들도 편히 배울 수 있을 정도로 쉬운 우리만의 글을

만들기로 결심했어요. 그게 지금 우리가 쓰고 있는 한글이죠.

그런데 우리가 오해하는 게 하나 있어요. 한글은 세종대왕 혼자 만든 것이 아니에요. 세종대왕을 비롯한 수많은 사람의 노력이 한글을 만들어 낸 거랍니다.

세종대왕 시절, 양반들은 백성들이 글을 모르는 것이 당연하다고 생각했어요. 백성들이 글을 몰라야 다루기가 편하니까요. 그런데 세종대왕이 모두가 읽고 쓸 수 있는 글을 만든다고 하니 덜컥 겁이 나지 않겠어요?

"이제 저 천한 백성들이 글을 읽을 줄 알아서 똑똑해지면, 우리 말을 안 들을 거 아니야? 그럴 순 없어!"

양반들은 계속해서 한글 창제를 반대했어요. 그래서 세종대왕은 비밀리에 자신을 도울 사람을 뽑아야 했죠.

세종대왕이 왕위에 오른 후 가장 먼저 한 일 가운데 하나가 집현전을 부활시킨 거였어요. 집현전이란 중국에서 유래한 기관으로, 나라에 필요한 책을 만들고 또 세상에 나온 책들을 수집하는 일을 하는 곳이었어요. 고려 시대 말 처음으로 생겨났다 사라진 집현전을 세종대왕이 다시 만든 것이지요. 당연히 집현전에서 일하는 학사들은 학식이 뛰어난 사람들로 구성되었어요. 세종대왕은 집현전 학사들을 곁에 두고 몹시 아꼈어요. 그러면서 자신을 도와 비밀리에 한글을 만들게 했죠.

집현전의 학사들 역시 양반이었지만, 그들은 세종대왕의 마음을 이해하는 이들이었어요. 그래서 밤을 새는 것도 아랑곳하지 않고 한글을 만드는 데 모든 걸 바쳤죠. 신숙주 같은 이는 중국의 언어학자를 만나기 위해 천 리 길을 가는 것도 마다하지 않았어요.

또한 세종대왕은 자신의 아들인 문종을 비롯한 왕족들에게도 한글을 만들게 했어요. 왕족들은 모두 세종대왕의 가족이었기에 배신할 염려가 없을 뿐 아니라 문종 역시 아버지를 닮아 학문이 뛰어났거든요.

세종대왕은 왕족과 집현전 학사들과 함께 마음과 힘을 하나로 모아 한글을 만들었어요. 그리고 드디어 1443년 음력 12월에 자음과 모음으로 이루어져 모든 소리를 담을 수 있는 '표음문자'인 한글이 창제되었어요. 세종대왕은 이를 더 다듬어 1446년 음력 9월에 전국에 반포하였지요.

양반들의 반대에도 불구하고 한글은 곧 모든 백성들의 삶에 깊숙이 자리 잡았답니다. 결국 양반들도 한글의 편리함을 인정하지 않을 수 없었어요.

우리나라는 세계에서 문맹률이 가장 낮은 국가예요. 그만큼 한글은 누구나 쉽게 배울 수 있는 글자지요. 세계적인 과학 잡지 〈디스커버리〉에서는 한글을 '세계에서 가장 합리적인 문자'라고 소개한 적도 있어요. 지금 우리가 이렇게 쉽게 책을 읽을 수 있는 것도 모두 세종대왕과 그를 도운 학자들 덕분이랍니다.

세종대왕에게 배우는 조직력 - 비전과 추진

'비전(vision)'이란 상상력, 직감력, 통찰력 등을 뜻하거나 미래상, 미래의 전망, 선견지명 등을 뜻해요. 세종대왕은 백성들의 불편함을 덜어 주고자 한글을 창제했고 백성들의 미래가 곧 나라의 미래라고 생각했어요.

탁월한 안목과 비전에 맞게 집현전을 설치하고 유능한 학자들을 곁에 두어 일을 끌고 나간 세종대왕의 추진력과 리더십을 꼭 본받도록 해요.

{ 문제 해결 인성 키워드 3. }
조직력

3천 명의 독립군으로 3만 명의 일본군에 맞서 싸운 김좌진 장군

"영웅이라는 이름은 단 한 번의 이름이 아니라 끊임없는 노력의 이름이다."

1910년 8월 29일. 우리나라가 일본의 식민지가 된 경술국치의 날.

그날 이후 일본은 우리의 영토를 수탈하고, 우리 민족의 정신을 무너뜨리려 했어요. 이러한 가운데 사욕을 채우기 위해 일제에 복종한 친일파들이 있는가 하면, 편안한 일상을 버리고 찬바람을 맞아가며 직접 독립운동에 뛰어든 사람들도 있었어요. 김좌진 장군은 단연코 후자였답니다.

김좌진은 1889년 12월 16일, 충청남도 홍성군의 양반집에서 태어났어요. 세 살 때 아버지를 여읜 후, 어머니에게 엄히 교육받으며 자랐죠. 김좌진의 집은 인근에서도 알아주는 부잣집이었어요. 그래서 세상이 어떻게 변하든 간에 가만히만 있으면 한 몸 편하게 살 수 있었죠. 하지만 김좌진은 자신의 환경보다 정의로움을 택했어요. 그는 힘들지만 나라를 위한 길을 가기로 마음먹었지요.

 의리에 맞고 옳고 떳떳한 일을 행하려고 하는 마음을 '정의감'이라고 해.

1905년, 열다섯 살의 나이로 한 집안의 가장이 된 김좌진은 먼저 집안의 노비들을 해방시켰어요. 그들이 먹고 살 수 있도록 땅까지 나누어 주었지요. 그리고 난 뒤 서울로 올라와 대한제국 육군무관학교에 입학해 군인의 꿈을 키웁니다.

하지만 김좌진의 꿈은 허사로 돌아가요. 1907년, 일본이 친일파 이완용을 앞세워 대한제국의 군대를 없애 버리고 만 거예요. 결국 김좌진은 고향으로 돌아왔어요. 그렇다고 집에 가만히 앉아 있을 수만은 없었죠.

그는 자신의 집을 개조해 학교를 세웠어요. 그리고 아이들을 불러 모아 가르쳤어요. 아이들만이 미래의 희망이고, 아이들이 배워야만 언젠가는 일본을 몰아낼 수 있다는 생각에서였죠. 그러면서 여러 뜻있는 사람들과 함께 일본의 영향이 미치지 않는 두만강 너머 북간도(지금의 연변)에 독립군 사관학교를 설립할 계획을 세웠죠. 그러다 변절자의 밀고로 인해 서대문형무소에서 2년 6개월 동안 갇혀 있기도 했어요. 보통 사람 같으면 1년도 버티기 힘든 감옥 생활이었지만, 김좌진의 마음에는 변함이 없었어요. 아니, 오히려 더욱 강해졌어요.

결국 김좌진은 가족들과 이별한 후, 홀로 만주

로 향해요. 무력으로라도 독립을 이루기 위해 독립군으로 살아가기로 마음먹은 것이죠.

원래 김좌진은 어렸을 적부터 덩치도 남보다 크고 힘도 장사였죠. 게다가 두려움 없는 성격으로 늘 선두에 서서 싸우기를 두려워하지 않았어요. 김좌진의 진가를 알아본 상해 임시정부는 그에게 독립무장단체 '북로군정서'의 총사령관직을 맡겼어요. 김좌진은 기쁘게 그 임무를 받아들였고, 충실히 자신의 임무를 수행해 나갔죠.

당시 만주는 독립무장단체들의 본거지였어요. 김좌진 장군의 북로군정서 말고도 홍범도 장군의 대한독립군, 그리고 신민단 독립군 등이 모인 만주독립군 연합부대가 만주를 호령했죠.

그러던 중, 1920년 6월에 홍범도 장군이 이끄는 대한독립군이 봉오동 전투에서 일본군에게 대승을 거두는 쾌거를 이루었어요. 그러자 잔뜩 화가 난 일본은 3만 명이나 되는 대규모의 부대를 만주로 보냈어요. 그렇잖아도 눈엣가시로 여기던 독립군들을 이참에 완전히 전멸시키기로 마음먹은 것이죠.

그때 독립군의 수는 채 3천 명이 되지 않았어요. 독립군의 기세가 아무리 높다 할지라도 일본군의 대부대와 전면전을 벌여 승리할 가능성은 없었지요. 결국 독립군은 일본군의 기세가 꺾일 때까지 몸을 피하기로 했어요.

독립군이 사라지고 졸지에 닭 쫓던 개 신세가 된 일본군은 엉뚱한 곳에 화풀이를 하기 시작했어요. 만주에 있던 한국인 마을에 불을 지르고 사람들을 죽이기 시작한 것이었죠.

"이놈들을 살려 뒀다간 분명 독립군을 도와줄 것이다. 모두 없애라!"

그 소식을 전해 들은 김좌진 장군은 피 끓는 분노를 참을 길이 없었어요. 당장이라도 일본군에게 달려가고자 했죠. 하지만 그랬다가는 헛된 희생을 당할 참이었어요.

김좌진 장군은 기회가 올 때까지 참기로 했어요. 그리고 침착하게 일본군을 유인할 작전을 세웠죠.

 어떤 상황에서도 자신의 감정을 자제할 줄 아는 능력을 '인내'라고 해.

얼마 후, '독립군이 청산리 계곡을 지나 한참 전에 도망쳤다더라.'는 소문이 퍼졌어요. 그 이야기를 들은 일본군은 얼른 청산리 계곡 쪽으로 향했죠.

계곡 입구에 도착한 일본군의 눈에 길가에 떨어진 굳은 말똥들이 보였어요. 일본군 대장은 미소를 띠었어요.

"말똥이 이렇게 굳은 걸 보니 지나간 지 한참 된 모양이로군. 어서 추적하자!"

일본군은 여유로운 마음으로 좁은 계곡길을 지나갔어요.

하지만 그들은 몰랐어요.

독립군이 도망쳤다는 소문을 낸 장본인이 김좌진 장군이라는 것을요.

그가 계곡 입구에 굳은 말똥을 뿌려놓은 채 일본군의 움직임을 예의 주시하고 있었다는 걸 말이에요.

독립군은 계곡 수풀 뒤에 숨어서 김좌진 장군의 공격 신호만 기다리고 있었어요.

김좌진 장군은 손을 들고 소리쳤어요.

"공격하라!"

1920년 10월 21일, 3천 명의 독립군이 3만 명의 일본군을 물리친 독립운동 역사상 가장 위대한 전투가 막을 올리는 순간이었어요. 그 전투가 바로 '청산리 전투' 랍니다.

김좌진 장군에게 배우는 조직력 - 인내
김좌진 장군이 만주의 한국인들에게 분풀이하는 일본군을 참지 못하고 무작정 달려들었다면 어떤 결과가 빚어졌을까요? 누구보다 민족과 나라를 사랑했던 김좌진 장군에게 일본군의 무차별적인 만행을 두고 보는 일은 참으로 견디기 어려웠을 거예요. 하지만 김좌진 장군은 '인내'하며 때를 기다리고 전략을 세웠어요. 그리고 독립투쟁 사상 최대 규모의 승리를 거두었지요.

문제를 해결하는
인성 키워드

4. 과제 책임감

72	평생 평등의 가치를 위해 싸운 넬슨 만델라
78	을사조약 무효를 알리기 위해 헤이그로 향한 이준 열사
84	신의 음성을 듣고 프랑스를 구하기 위해 나선 소녀 잔 다르크

{ 문제 해결 인성 키워드 4.
과제 책임감 }

평생 평등의 가치를 위해 싸운
넬슨 만델라

"진정한 자유란 단지 사슬을 벗어 버리는 것이 아니라
타인의 자유를 존중하고 보장하는 삶을 사는 것을 의미한다."

"시간을 되돌린다 해도 나는 똑같이 할 것이다.
자신을 인간이라 부를 용기가 있는 사람이라면 누구나 그럴 것이다."

　과거에는 인종차별이 심했어요. 19세기만 해도 사람을 노예로 부리는 것을 당연한 일이라고 생각했으니까요. 하지만 20세기에 이르러서, 전 시대의 잘못을 인정하고 인종차별을 없애려는 노력이 세계 곳곳에서 일어났어요. 하지만 오히려 계속해서 차별 정책을 만드는 나라가 있었어요. 바로 남아프리카공화국이었죠. 남아프리카공화국은 인구의 70%가 흑인이었음에도 권력은 모두 백인들이 쥐고 있었어요. 백인 권력자들은 '아파르트헤이트'(아프리카어로 '분리'라는 뜻)를 앞세워 백인 구역과 흑인 구역을 구별했고, 흑인과 백인은 결혼도 하지 못하게 했어요. 당연히 흑인들과 일부 진보적인 백인들은 이런 차별 정책을 멈추라고 항의했지요. 하지만 돌아오는 건 경찰들의 가혹한 탄압뿐이었어요. 당연히 백인과 흑인 사이의 갈등은 최악으로 치달았어요. 백인들은 흑인들을 증오했고, 흑인들 역시 백인들을 증오했지요.

　그렇게 20세기 내내 증오의 목소리가 드높았던 남아프리카공화국에 놀라운 일이 일어나요. 처음으로 흑인이 투표에 참여할 수 있게 된 1994년, 남아프리카공화국 최초의 흑인 대통령이 탄생한 거예요!

흑인들은 그동안 백인들에게 당했던 차별과 수모를 고스란히 되갚아 줘야 한다고 소리쳤어요. 당연히 백인들은 잔뜩 겁을 먹고 다른 나라로 도망칠 준비를 했고요. 그런데 최초의 흑인 대통령이 한 일은 복수가 아니었어요. '용서'였죠.

지은 죄나 잘못한 일에 대하여 꾸짖거나 벌하지 아니하고 덮어 주는 것을 '용서'라고 해. 만델라는 피부가 검다는 이유로 흑인들에게 무자비한 폭력을 행사한 백인들에게 복수 대신 용서의 손길을 내밀었어.

대통령은 그동안 흑인들을 차별한 백인들을 용서하겠다고 했어요. 그리고 함께 남아프리카공화국의 발전을 향해 나아가자고 했죠. 그 대통령이 바로 남아프리카공화국을 하나로 만든 넬슨 만델라예요.

1918년 7월 18일, 넬슨 만델라는 남아프리카공화국의 작은 마을에서 태어났어요. 어렸을 적 만델라는 '롤리흘라흘라'라는 이름으로 불렸는데 그건 '말썽꾸러기'라는 뜻의 지역 토속어예요. 왜 그런 이름을 가졌는지, 상상이 가죠?

하지만 나이가 들면서 만델라의 장난기는 줄어들었어요. 대신 흑인을 차별하는 사회에 대한 분노가 쌓여 갔죠. 만델라가 다니는 학교의 선생님은 '흑인은 미개한 인종이어서 백인의 가르침을 받아야만 한다.'고 가르쳤어요. 만델라는 그 말이 틀렸다는 걸 증명하고 '피부색을 떠나 인간은 모두 평등하다'며 스스로 존중하는 마음을 갖기 위해 더욱 열심히 공부했죠. 그래서 온갖 차별을 이겨 내고 결국 법과 대학을 졸업하고 변호사가 되었어요.

만델라가 변호사가 된 이유는 법을 방패삼아 고통받는 흑인들을 지켜 주기 위해서였어요. 하지만 남아프리카공화국의 법은 흑인들을 지키는 방패가 아니라, 그들을 찌르는 날카로운 창이었어요. 만델라는 사회 전체를 바꾸지 않으면 흑인 해방의 길이 없다는 걸 깨달았어요. 1943년, 만델라는 변호사를 그만두고 아프리카 민족 회의(ANC)에 가입하며 본격적인 인권운동가의 길을 걸어요.

그런데 만델라보다 앞서 그와 비슷한 길을 걸은 인물이 있었어요. 변호사가 되어 고통받는 동포를 도우려다, 결국 인권운동가가 된 인물. 누군지 기억나나요? 바로 인도의 마하트마 간디죠. 만델라에게 가장 큰 영향을 끼친 인물이 바로 간디였어요. 만델라 역시 간디의 영향으로 비폭력 시위를 통해 백인들을 깨우치려 했어요. 하지만 남아프리카공화국의 권력자들은 생각보다 훨씬 악독했어요.

1960년 3월, 남아프리카공화국 최대의 도시 요하네스버그에서 끔찍한 일이 벌어져요. 백인 경찰들이 비폭력 시위대를 향해 총을 발사한 거죠. 그 사건으로 시위대 69명이 사망하고 말아요. 경찰은 그 사건을 모두 ANC의 책임으로 돌렸어요. 그 모습을 가장 가까운 곳에서 지켜본 만델라는 결국 분노를 참지 못해요.

"저 백인 권력자들도 우리와 똑같은 고통을 느껴야 해!"

만델라는 '민족의 창'이라고 하는 무장 조직을 만들어서 저항 활동을 시작했어요. 하지만 결국 무기를 들었다는 이유로 1964년 체포되어서 종신형을 선고받지요.

그 후 만델라는 감옥에서 60세 생일을 맞이할 정도로 긴 시간을 갇혀 살았어요. 하지만 만델라는 희망을 버리지 않았어요.

'언젠가는 나가서 남아프리카공화국의 모든 이들과 진정한 자유를 누리리라!'

그의 바람은 감옥을 넘어 세계로 뻗어 나갔어요. 세계 각국의 정상들이 만델라를 풀어 주라며 남아프리카공화국을 압박했죠. 더군다나 남아프리카공화국에 사는 백인들도 자기 정부를 부끄러워하며 차별 정책을 그만두라고 외쳤죠.

결국 1990년, 만델라는 27년의 기나긴 감옥 생활을 마치고 세상 밖으로 나왔어요. 그리고 1994년, 최초의 흑인 대통령이 되죠. 자신을 가둔 사람들에게 복수할 법도 하건만, 만델라는 자신을 희생하여 남아프리카공화국 모든 사람들을 끌어안고자 했어요. 그래서 복수 대신 용서를, 분리 대신 화합을 선택한 거죠.

만델라는 화합을 이루는 일이 자신의 책임이라고 생각하고 이를 이루기 위해 한평생 자신을 희생했어.

만델라의 희생은 헛되지 않았어요. 2013년 12월 5일. 넬슨 만델라가 95세의 나이로 세상을 떠났을 때 흑인, 백인을 가리지 않고 모든 사람들이 눈물을 흘리며 그의 죽음을 애도한 걸 보면 알 수 있죠.

가끔 뉴스나 신문에서 누군가를 가리켜 '이 시대의 어른'이라고 말할 때가 있어요. 그때 쓰이는 어른이라는 말은 단순히 나이가 든 사람을 가리키는 것보다 조금 더 깊은 의미를 가진답니다. 사회의 모든 구성원들이 본받을 만한 인물에게 존경의 의미를 담아 부르는 거죠.

남아프리카공화국도 우리와 비슷한가 봐요. 그곳 사람들 모두가 한 마음으로 넬슨 만델라를 마디바(Madiba-아프리카어로 '어른'이라는 뜻)라고 불렀거든요.

넬슨 만델라, 그는 진정한 이 세계의 마디바였어요.

넬슨 만델라에게 배우는 과제 책임감 - 용서, 책임

넬슨 만델라는 자신이 쓴 자서전 <자유를 향한 머나먼 길>에서 이런 말을 해요. "인간의 착함이란 가려 있으나 결코 꺼지지 않는 불꽃이다." 인간의 선한 본성을 믿고 화합을 위해 '용서'하고 노력한 만델라의 마음을 알 수 있는 대목이에요. 넬슨 만델라는 27년의 기나긴 감옥 생활에도 희망을 버리지 않고 무거운 '책임감'으로 화합을 실현했어요. 2013년 삶을 마칠 때까지 그는 인권의 기본인 자유와 평등을 지키기 위해 싸웠답니다.

{ 문제 해결 인성 키워드 4. **과제 책임감** }

을사조약 무효를 알리기 위해 헤이그로 향한 **이준 열사**

"땅이 크고 사람이 많은 나라가 큰 나라가 아니다.
땅이 작고 인구가 적어도 위대한 인물이 많은 나라가 위대한 나라이다."

 '달걀로 바위 치기'라는 속담이 있죠. 바위를 향해 아무리 달걀을 던져 봤자 어떻게 되겠어요? 바위는 멀쩡하고 애꿎은 달걀들만 깨져 나가겠죠. 속담 '달걀로 바위 치기'는 불가능한 일에 도전하는 무모한 모습을 일컫는 말이에요. 그런데 세상을 살다 보면 아무리 불가능해 보여도 하지 않으면 안 되는 일이 있답니다.

 1905년, 대한제국은 일본과 반강제적으로 을사조약을 맺어요. 을사조약으로 인해 대한제국은 외교권을 빼앗기고, 고종은 궁궐에 갇혀서 행동 하나하나 모두 일본의 감시를 받지요.
 대한제국의 상황은 손발이 묶여서 옴짝달싹할 수도 없는 상태와 같았어요. 하지만 아직 대한제국에 남아 있는 것이 하나 있었으니, 바로 세계를 향해 소리칠 수 있는 목소리였죠.
 마침 1907년, 네덜란드의 수도 헤이그에서 세계 여러 국가들이 모여 국제적인 분쟁을 평화롭게 해결하기 위한 '만국 평화 회의'가 열리기로 했어요. 그 소식을 들은 대한제국의 뜻있는 사람들은 생각했어요.

'헤이그에 특사를 보내자! 그래서 우리나라를 집어삼키려는 일본의 만행을 폭로하자. 국제 사회가 우리 편을 들어주기만 한다면, 일본도 함부로 야욕을 부리진 못하겠지.'

어찌 보면 정말 순진한 생각이지만, 당시 우리나라가 처한 상황에서 선택할 수 있는 유일한 희망이었답니다.

결국 고종황제의 친서를 품에 간직한 세 명의 특사가 조국을 일본의 손에서 해방시켜야 하는 중대한 임무를 띠고 헤이그로 떠났어요. 을사조약이 만들어질 당시의 관리로 을사조약의 문제점을 파악하고 있던 이상설, 러시아에 살며 7개 국어에 능통한 이위종, 그리고 대한제국의 검사 이준이 그 주인공이었죠.

세 명 모두 특사로 선발되기 전부터 대한의 독립을 위해 활동하던 사람들이었어요. 그런데 그중에서도 이준의 과거에는 특별한 점이 있어요.

1859년 12월 18일, 함경남도 북청군에서 태어난 이준은 어렸을 적에는 한학을 공부했고, 성인이 되어서는 학교를 세워 아이들을 가르쳤어요. 그러다 나라가 기울어가자 서울로 올라가 새로운 학문을 배웠죠. 그건 바로 법학이었어요.

이준은 서울대학교 법학 대학의 뿌리가 되는 법관양성소를 1회로 졸업한 후 검사가 되었어요. 다른 데 신경쓰지 않고 주어진 일만 열심히 하면 출세는 차려진 밥상이나 마찬가지였죠. 하지만 이준은 스스로 자신의 출셋길을 망쳐버려요.

이준의 검사 시절, 대한제국의 법부대신(지금의 법무부장관)은 이하영이었어요. 그런데 이 이하영이란 인물은 친일파에다 탐관오리로 악명이 자자했어요.

하지만 강한 권력을 등에 업고 있어 누구도 감히 그의 잘못을 지적하지 못했죠. 그런데 일개 검사인 이준이 용감하게 나선 거예요.

"이하영은 자신의 권력을 이용해 부를 축적한 죄가 크기에 법부대신에서 물러나야 한다!"

권력자의 잘못을 고발한 죄로 이준은 결국 검사직을 그만둬야만 했어요. 하지만 그는 좌절하기는커녕, 독립협회에 들어가 나라를 위해 온몸을 바쳐 일했죠. 그런 이준에게 이번 헤이그 특사 임무는 꼭 해 내야만 하는 일이었어요.

2개월의 고된 여정을 거치고서야 헤이그 특사 일행은 네덜란드 헤이그에 도착했어요. 이미 만국 평화 회의가 진행 중이었기에 특사들은 쉴 틈도 없이 곧바로 회의장으로 향했어요.

하지만 그들을 맞이한 건 차가운 외면뿐이었죠.

특사들이 헤이그에 왔다는 걸 안 일본이 각 나라 대표들에게 '대한제국 특사들은 자격이 없으니 만나지도 말라.'고 미리 손을 써둔 거예요. 다른 나라의 싸움에 끼어들고 싶지 않은 각 나라의 대표들은 일본의 편을 들기로 했고요.

특히 일본과 동맹을 맺은 영국은 군대를 동원하여 특사 일행을 회의장에서 내보냈어요.

천신만고 끝에 헤이그에 도착했지만 특사들은 회의장에 들어가 보지도 못한 신세가 되었어요.

하지만 그들은 포기하지 않았어요. 아니, 포기할 수 없었죠.

특사 일행은 회의장 앞에서 대한제국의 입장을 밝히고 일본을 규탄하는 기자회견을 열었어요. 그리고 계속해서 각 국가의 대표들을 만나려고 노력했죠. 하지만 상황은 좋아질 기미가 보이지 않았어요. 그러던 차에 비극적인 일이 벌어집니다.

1907년 7월 14일, 이준이 호텔 방에서 숨을 거둔 거예요. 그의 갑작스러운 죽음에 많은 사람들은 '일본이 이준을 독살했다.'거나 '이준이 분을 못 이겨 스스로 목숨을 끊었다.'고 추측했어요. 하지만 지금에 와서는 극심한 스트레스로 인해 뺨에 난 종기로 병균이 감염되어 숨을 거두었다는 게 정설로 받아들여지고 있어요. 나라의 독립을 위해 일하다 제대로 된 치료도 받지 못하고 숨을 거두다니, 정말 안타까운 일이죠.

이준이 숨을 거두자, 이상설과 이위종은 그를 헤이그의 공동묘지에 묻어 주어요. 그리고 눈물을 삼키며 헤이그를 떠나죠.

이후 이상설과 이위종은 대한제국으로 돌아가지 않고 러시아와 연해주에서 독립운동을 하다 생을 마감해요. 그리고 고종은 일본의 협박에 못 이겨 결국 왕위를 내려놓죠.

그렇게 헤이그 특사 사건은 결국 실패로 끝이 났어요. 하지만 아무 의미 없는 실패가 아니었어요. 이준 열사의 애국심을, 그리고 이상설과 이위종의 애국심을 지금 우리가 느끼고 있으니까요.

나라를 사랑하는 마음을 애국심이라고 해. 애국심은 후손들에 대한 책임감에서 더 큰 희생정신을 낳기도 하지.

이준 열사에게 배우는 과제 책임감 - 희생, 애국심

이준 열사의 유해는 1963년, 해방된 조국의 품으로 돌아와요. 그리고 이준 열사에게는 대한민국을 건국하는 데 가장 큰 역할을 한 사람들에게만 수여되는 훈장인 '대한민국장'이 주어져요. 그만큼 무모하고 불가능한 일을 '애국심'과 '희생정신'으로 책임감 있게 추진한 그의 용기에 수많은 사람들이 감동했다는 뜻이겠죠?

{ 문제 해결 인성 키워드 4.
과제 책임감 }

신의 음성을 듣고 프랑스를 구하기 위해 나선
소녀 잔 다르크

"사람들은 종종 진실을 말하여 죽임을 당하지만
나는 두렵지 않다. 나는 이 일을 위해 태어났으므로!"

　세상을 살다 보면 누구에게나 힘든 일이 닥칠 때가 있어요. 그럴 때는 눈앞이 캄캄해지며 '어떻게 해야 하지?', '내가 정말 이 일을 해낼 수 있을까?'라는 생각이 들죠. 하지만 너무 겁먹지는 마세요. '모든 일은 마음먹기에 달렸다.'는 말도 있잖아요. 내가 그 일을 해낼 수 있다고 굳게 믿는다면, 분명 해낼 수 있을 거예요. 16세의 나이로 프랑스군을 이끌고 프랑스를 구한 잔 다르크처럼 말이죠.

　잔 다르크는 프랑스 동부의 작은 시골 마을에서 농부의 딸로 태어났어요. 잔 다르크가 태어났을 당시의 프랑스는 한마디로 위기상황이었어요. '백년전쟁'이라 불리는 영국과의 전쟁에서 계속해서 패배를 거듭하는 중이었죠. 프랑스의 왕이 되어야 할 샤를 7세는 대관식도 올리지 못했고, 영토도 대부분 빼앗겼어요.

　바로 그런 상황에서 잔 다르크는 기도 중에 신의 음성을 들었어요.

　"프랑스를 구하라."

잔 다르크가 정말로 신의 음성을 들었을까요? 글쎄요, 우리는 알 수 없어요. 하지만 분명한 건 잔 다르크는 정말 신의 목소리를 들었다고 믿었다는 거예요.

잔 다르크는 샤를 7세가 피난을 떠나 있던 시농이라는 곳으로 향했어요. 그리고 그곳을 지키는 병사들에게 자신은 신의 음성을 들었으며, 프랑스를 구해야 하는 사명을 받았기에 왕을 만나야 한다고 말했죠. 처음에는 다들 잔 다르크를 정신이 이상한 사람 취급했어요. 누군가는 그녀가 마녀라고도 했죠.

하지만 잔 다르크는 어떤 비난을 받아도 흔들리지 않으며 꾸준히 왕을 만나야 한다고 요청했어요. 그런 그녀의 모습에서 진실함을 느끼는 사람들이 생겨났답니다. 결국 잔 다르크는 샤를 7세를 만날 수 있는 기회를 얻었어요.

잔 다르크가 샤를 7세의 방에 들어가자, 모든 신하들이 모여서 그녀를 기다리고 있었어요. 그리고 왕좌에 앉은 왕이 잔 다르크를 바라보았어요. 그런데 잔 다르크는 왕에게 인사를 올리지 않고 주변을 두리번거렸죠. 그러더니 방구석에 앉은 하인을 보고는 밝은 얼굴로 그에게 다가갔어요. 그리고 하인에게 공손히 인사를 올렸죠.

"샤를 7세여, 이리 만나 뵙게 되어 참으로 영광이옵니다."

그러자 모두들 깜짝 놀랐죠. 그 하인이 바로 샤를 7세였거든요. 샤를 7세는 잔 다르크를 시험하기 위해 하인과 옷을 바꿔 입고, 하인을 왕좌에 앉히고 자신은 구석에 숨어 있었던 거예요. 그런데 잔 다르크는 생전 처음 본 샤를 7세를 정확히 찾아내며, 신의 가호를 받는다는 자신의 말을 증명한 것이죠.

샤를 7세의 신뢰를 얻은 잔 다르크는 프랑스군의 사령관으로 임명돼요. 처음에 군인들은 잔 다르크를 무시했죠. 하지만 그녀가 진심으로 사람들을 설

득해 군대를 만들고, 화살이 빗발치는 전쟁터에서 가장 앞장서 싸우는 모습을 보고 그녀를 믿기 시작했어요.

잔 다르크의 군대는 영국군으로 둘러싸여 함락 직전이었던 도시 오를레앙으로 향했어요. 그곳에서 돌멩이를 머리에 맞고, 화살이 어깨에 박혀도 멈추지 않고 싸웠죠. 그로 인해 프랑스군은 결국 오를레앙을 되찾게 돼요. 잔 다르크는 거기서 멈추지 않고 곧바로 다음 전투에 나서죠. 그녀의 발길이 닿는 곳마다 프랑스군은 승리했고, 결국 그녀는 랭스를 되찾을 수 있었어요. 랭스에는 프랑스 왕들이 즉위식을 치르는 랭스 대성당이 있었어요. 그곳을 되찾으며 샤를 7세는 정식으로 왕이 될 수 있었죠.

잔 다르크가 계속해서 승리를 거두자 프랑스군의 마음가짐도 달라졌어요.

그 전에는 싸우기도 전에 겁먹고 도망치기 바빴던 프랑스군이었지만 이제는 승리할 수 있다는 자신감을 가지게 된 거죠. 그런데 놀라운 점은 잔 다르크는 칼을 들고 싸우지 않았다는 거예요. 비록 전쟁 중이지만 함부로 사람을 죽일 수 없다고 생각한 잔 다르크는 칼 대신 깃발을 들고 전투를 지휘했죠. 그리고 포로로 잡힌 영국군들을 존중하며 온정을 베풀었어요. 그런 모습으로 인해 프랑스 내에서 잔 다르크의 인기는 점점 높아져만 갔어요. 그럴수록 영국군들은 잔 다르크를 못 잡아서 안달이었죠. 그런데 잔 다르크를 싫어하는 인물이 프랑스 내에도 있었어요. 바로 샤를 7세예요. 샤를 7세는 잔 다르크의 인기가 높아질수록 자신의 왕권이 약해지는 걸 느꼈어요. 그래서 배은망덕하게도 그녀에게 준 지휘권을 줄여 나가죠.

싸우고 싶어도 지휘권이 없어 싸울 수가 없게 된 잔 다르크는 점점 전투에서 패하는 일이 많아졌어요. 그러다 결국 영국군에게 포로로 붙잡히고 말죠. 그때 샤를 7세가 나섰더라면 몸값을 내고 잔 다르크를 되찾아올 수 있었어요. 하지만 샤를 7세는 매정하게 그녀를 버리고 말죠.

영국으로 끌려간 잔 다르크는 '사악한 힘을 사용한 마녀'라는 죄명으로 재판을 받아요. 수십 명의 재판관이 몰려들어 그녀의 꼬투리를 잡으려고 했죠. 그런데 놀랍게도 잔 다르크는 그들과의 토론에서 한 번도 진 적이 없었어요. 마음에 거리낌 없이 정직하게, 진실되게 이야기했기 때문이죠.

 '진실'은 마음에 거짓이 없고 순수하고 바른 마음을 말해. 잔 다르크는 어떠한 비난 속에서도 자신이 생각하는 바를 거짓 없이 이야기하고 행동에 옮겼어. (인간들에게는 왜 이렇게 배워야 하는 게 많을까?)

하지만 영국은 결국 잔 다르크에게 마녀의 혐의를 씌워 그녀를 화형에 처했어요. 그때 잔 다르크의 나이는 19세였죠. 그녀는 불길에 휩싸인 마지막 순간까지 고결함을 잃지 않고 신에게 기도를 올렸어요. 그녀를 화형에 처하게 한 사람들을 용서해 달라는 기도였어요. 그 모습에 그녀의 죽음을 구경하러 나온 사람들마저도 감격의 눈물을 흘렸어요. 자신들이 성녀를 죽였다고 자책하는 사람들도 있었죠.

그 후에도 잔 다르크는 자유와 용기의 상징으로 수많은 사람들에게 존경받았고, 1920년에는 교황청에 의해 성인의 자리에 올랐어요.

잔 다르크에게 배우는 과제 책임감 – 진실

지금까지도 수많은 사람들은 어떻게 잔 다르크가 16세 소녀의 몸으로 프랑스군을 이끌 수 있었는지 궁금해해요. 그래서 각자 다른 증거를 내밀며 잔 다르크의 진짜 정체를 밝히려 하죠. 하지만 그들 모두 잔 다르크가 '진실'로 순수한 마음으로 나라를 구하려 했다는 데는 동의해요. 어쩌면 그 마음이야말로 진정한 신의 가호일지도 모르죠.

5.

문제를 해결하는
인성 키워드

갈등 조정

92	제3차 세계 대전을 막아 낸 케네디 대통령
97	탕평책을 내세워 붕당을 통합하려 한 영조
102	전쟁터에 온기를 비추는 붉은 십자가를 만든 앙리 뒤낭

{ 문제 해결 인성 키워드 5. }
갈등 조정

제3차 세계 대전을 막아 낸
케네디 대통령

"중국인은 '위기'를 두 글자로 씁니다.
첫자는 위험의 의미이고 둘째는 기회의 의미입니다.
위기 속에서는 위험을 경계하되 기회가 있음을 명심하십시오."

"인간은 죽을 수 있고, 국가는 흥망할 수 있지만,
사상은 언제나 살아 있습니다."

　제2차 세계 대전이 끝난 후 세계는 자유주의 진영과 공산주의 진영으로 양분되었어요. 양 진영을 대표하는 국가가 바로 미국과 소련(지금의 러시아)이었죠. 미국과 소련은 직접 전쟁을 벌이는 대신 서로를 억누르기 위해 더 크고 강한 핵무기를 만드는 데 열중했어요. 이를 두고 '차가운 전쟁'이란 뜻을 써 냉전 시대라고 해요.

　이런 냉전 시대에 미국의 제35대 대통령에 오른 사람이 존 F. 케네디예요.

　1917년 5월 29일, 보스턴의 명문가인 케네디 가문의 둘째로 태어난 존 F. 케네디는 어릴 적부터 몸이 약했어요. 그 바람에 공부도 제대로 하지 못해 고등학교 때는 성적이 좋지 않았어요. 하지만 뛰어난 리더십으로 친구들 사이에서 신망이 높았지요.

　후에 하버드 대학교에 들어가 정치학을 공부한 케네디는 제2차 세계 대전 직전 영국이 아돌프 히틀러와 타협하려한 점을 비판한 〈왜 영국은 잠자고 있었나〉라는 졸업 논문을 썼어요. 이 논문은 곧 베스트셀러가 되며 케네디의 이름을 세상에 알리죠.

대학교 졸업 후 케네디는 제2차 세계 대전에 참전하기 위해 육군에 자원입대를 해요. 하지만 호르몬 이상에 척추 부상 등을 이유로 입대를 거부당합니다. 그래도 케네디는 노블레스 오블리주의 정신으로 결국 해군에 입대해요.

해군에서 근무하던 시절, 케네디가 탄 미국 군함이 일본 군함과 충돌하며 두 배가 모두 침몰하는 사건이 벌어져요. 그때 케네디는 물에 빠진 미군 병사들을 이끌고 6km를 헤엄쳐 무인도에 상륙해요. 최악의 상황에서 동료들을 구한 이 사건으로 케네디는 전쟁 영웅으로 이름을 높여요.

해군에서 전역한 후 케네디는 본격적으로 정치를 시작해요. 하원의원과 상원의원을 지내며 승승장구하던 케네디는 1960년 대통령 선거에 뛰어듭니다. 당시 케네디의 나이는 43세, 함께 나왔던 그 어떤 후보보다 어린 나이였어요. 모두들 케네디가 대통령이 되기에는 너무 어리다고 생각했어요. 하지만 모두의 예상을 뒤엎고 케네디는 미국의 35대 대통령으로 당선되었죠.

케네디의 당선에 결정적 영향을 끼친 건 그해 처음으로 시작된 대통령 후보자 텔레비전 토론이었어요. 다른 후보들에 비해 훨씬 젊고 당당한 그의 모습이 텔레비전 앞에 앉은 국민에게 믿음을 준 거죠.

미국 역사상 최연소의 나이로 대통령이 된 케네디는 제3차 세계 대전을 막고 세계를 안정시키기 위해 노력했어요. 그런데 1962년, 케네디가 그토록 막고자 했던 최악의 상황이 눈앞에 펼쳐져요.

미국 국경과 맞닿아 있는 곳에 자리 잡은 공산주의 국가 쿠바는 오랫동안 미국의 눈엣가시였어요. 그래서 미국은 계속해서 군대를 보내 쿠바를 점령하려 했죠. 그러자 위기감을 느낀 쿠바의 독재자 피델 카스트로 장군은 소련에 도움을 청해요. 소련의 지도자 후르시초프는 그때를 기회로 여기고 쿠바에 미사일 기지를 설치하고, 핵미사일 수십 대를 배치해요.

그 사실을 안 미국 정부는 다급히 국가안전보장회의를 소집해요. 많은 사람들은 지금이라도 핵 공격을 해야 한다고 목소리를 높였어요. 사실 그들의 의견도 일리가 있었어요. 만약 쿠바 쪽에서 먼저 핵폭탄 발사 버튼을 누른다면, 미국 영토 전체를 향해 핵폭탄이 날아올 게 불 보듯 뻔했으니까요.

하지만 케네디는 공격 대신 소련의 지도자 후르시초프와 비밀리에 협상을 벌였어요. 평화적 해결을 위해서였죠.

시간이 흐를수록 케네디는 궁지에 몰렸어요. 모두들 케네디를 용기 없는 겁쟁이로 여겼어요. 하지만 케네디는 어떠한 군사적 행동도 하지 않았어요. 그것이 후르시초프와의 약속이었거든요. 자신이 먼저 약속을 지켜야만 후르시초프가 자신을 신뢰할 수 있을 거라고 케네디는 생각했어요.

굳게 믿고 의지하는 마음이 '신뢰'야. 모든 관계는 신뢰를 바탕으로 이루어져. 특히 오늘날에는 신뢰를 바탕으로 한 국제관계가 매우 중요하지!

케네디의 믿음대로 후르시초프는 결국 쿠바의 미사일 기지를 철수했어요. 그 모습을 본 미국 역시 소련을 향했던 핵미사일을 거둬들였어요. 쿠바 핵미사일 위기가 터진 뒤 2주 만의 일이었죠. 세계가 핵전쟁의 위기에서 극적으로 벗어난 거예요.

이 사건을 계기로 케네디는 세계인들에게 '핵전쟁을 막은 대통령'이라는 찬사를 받아요. 케네디의 인기는 계속해서 올라갔고, 그에 발맞춰 케네디는 계속해서 많은 일을 해 나갔어요. 미국 평화 봉사단을 만들어 개발도상국들을 지원했고, 소련과 핵실험 금지 조약을 맺어 핵무기가 늘어나는 걸 막는 데 일

조했어요. 또한 아폴로 계획을 세워 훗날 달에 인류가 진출할 수 있는 길을 내 줬고 인종 차별을 없애는 노력도 끊임없이 했지요.

케네디의 삶은 참으로 극적이었어요. 심지어 죽음마저 전혀 예상하지 못한 갑작스러운 일이었지요.

1963년 11월 22일, 케네디는 텍사스주 댈러스시에서 카퍼레이드를 했어요. 오픈카에 앉아 자신에게 환호하는 사람들을 향해 손을 흔들어 주고 있었죠. 그때 갑자기 총소리가 들렸어요. 정신병에 시달리던 오스왈드라는 사람이 케네디를 향해 총을 발사한 거예요.

치명상을 입은 케네디는 곧 병원으로 향했지만 결국 46세의 나이로 숨을 거두고 말아요. 갑작스러운 그의 죽음에 미국을 비롯한 전세계 사람들은 충격을 받았어요.

아직도 수많은 사람들은 케네디를 주저 없이 미국 최고의 대통령으로 꼽는답니다.

케네디에게 배우는 갈등 조정 - 신뢰

약속과 '신뢰'를 바탕으로 어려운 외교 문제를 해결한 케네디 대통령. 케네디는 링컨 대통령과 공통점이 많은 것으로도 유명해요. 암살로 인해 사망했다는 안타까운 점 말고도 많은 부분이 닮았다고 해요. 하지만 뭐니 뭐니 해도 둘 사이에서 가장 닮은 점을 꼽으라면 진정으로 국민을 생각한 훌륭한 대통령이라는 점일 거예요.

{ 문제 해결 인성 키워드 5. **갈등 조정** }

탕평책을 내세워 붕당을 통합하려 한 영조

"평생토록 나는 대대로 섬기고 있는 신하들에 대해서는 '탕평' 두 글자를 생각했고, 나의 백성들에 대해서는 양역을 고르게 하는 하나만을 생각했다."

　조선 시대 정치의 가장 큰 특징을 꼽자면 '붕당'을 들 수 있을 거예요. 붕당이란 학문과 사회에 대해서 같은 생각을 가진 양반들이 모여 당을 만들어 정치 활동을 하는 걸 말해요. 붕당은 당파 싸움과 같은 부작용을 낳기도 했지만, 여러 당들이 정책에 관해 다양한 생각을 논의할 수 있는 제도이기도 했어요.

　붕당의 일원들은 당의 발전을 위해 끊임없이 학문을 갈고 닦았어요. 자연스레 그들의 학문 수준은 높아져 갔죠. 또 왕이 잘못된 정책을 펼칠 때에는 붕당 전체가 목숨 걸고 나서서 상소를 올리고 왕이 무엇을 잘못했는지 조목조목 따졌어요. 자연스레 왕은 붕당의 눈치를 볼 수밖에 없었죠. 또한 붕당에게는 서로 다른 당일지라도 옳은 의견은 서로 인정하는 관용의 정신이 있었어요.

 비록 내 생각과 다른 것이라도 다른 사람의 생각과 사상, 이념을 존중하는 것이 '관용'이야. 관용은 차이를 존중하는 마음에서 시작돼.

조선이 건국 초기에 꾸준히 발전할 수 있었던 까닭은 이런 붕당의 역할 때문이었죠.

하지만 아무리 맑은 물이라도 오랫동안 고여 있으면 썩게 되죠. 붕당들은 서서히 다른 세력을 완전히 제압하고 혼자서만 특권을 독차지하고 싶어 했어요. 붕당정치가 아닌 일당독재를 노린 것이죠. 조선 시대 중기에 생겨난 노론과 소론은 주도권을 차지하기 위해 말 그대로 피 튀기는 싸움을 벌였어요.

조선의 제21대 국왕 영조는 노론과 소론의 당파 싸움이 극에 달하던 때에 조선의 국왕 자리에 올랐어요. 그런데 사실 영조는 말 그대로 '노론이 만들어 준 왕'이었어요.

영조의 아버지인 숙종이 세상을 떠났을 때, 그에게는 아들 둘이 있었어요. 영조와 그의 형 경종이었죠. 당시 소론은 경종을 지지했고, 노론은 영조를 지지했어요. 그러다 결국 경종이 왕위에 올랐죠. 그 후 영조는 소론 세력의 음모에 의해 몇 번이나 죽을 고비를 넘겼어요. 노론 세력 역시 계속해서 탄압받았죠.

그런데 영조의 형이자 조선의 제20대 국왕 경종은 어릴 적부터 몸이 약했어요. 그래서 결국 왕위에 오른 지 4년 만에 숨을 거두고 말아요. 경종은 자식도 없었기에 결국 다음 왕위를 영조가 물려받게 돼요.

경종 재위 시절 탄압받던 노론은 쾌재를 불러요. 반면 소론은 극심한 위기를 느끼죠. 소론의 위기 의식은 '영조가 왕위에 눈에 멀어 경종을 죽였다!'라는 음모론으로까지 번져요. 실제로 영조가 왕위에 오른 지 4년째 되는 해에는 이인좌를 비롯한 소론 세력들이 경종의 복수를 한다며 반란을 일으키는 사건도 벌어져요.

영조의 마음은 어땠을까요? 어린 시절에는 자신을 죽이려 했고, 자신이 왕이 된 후에도 반란을 일으키는 소론에게 분노하지 않았을까요? 노론 역시 영조의 마음이 그러할 거라 믿고 소론을 탄압했어요.

하지만 어린 시절부터 붕당 간의 싸움을 가까이서 보아온 영조는 소론이 나빠서 자신을 미워한 게 아니라는 걸 잘 알고 있었어요. 영조는 이 모든 오해와 적대 감정을 당

파 싸움의 부작용이라고 생각하고 소론을 이해하려고 했어요.

'붕당들이 서로 편을 갈라 싸우느라 정작 나라 걱정은 뒷전이구나. 이들의 싸움을 멈추게 하기 위해서는 붕당을 타파해야만 한다!'

영조가 이런 생각을 한 데에는 노론을 견제하려는 목적도 있었어요. 소론이라는 대립 세력이 사라진 뒤, 노론은 점점 세를 불리며 왕도 우습게 볼 지경에 이르렀거든요.

영조는 노론과 소론의 무리들을 왕궁으로 불러들였어요. 그리고 그들에게 여러 색깔의 재료가 들어간 묵무침을 대접했어요.

"이 음식을 보시오. 각 재료의 색깔이 조화롭게 어우러진 것이 참으로 보기 좋지 않소? 내 이 음식의 이름을 탕평채라고 지었소."

영조는 음식에 빗대어 신하들에게 당파 싸움을 멈추고 조화롭게 지내라고 말한 것이었어요.

그 후 영조는 탕평책을 내세우고 노론과 소론에서 공평하게 신하를 선발하여 나랏일을 맡겼어요. 이러한 영조의 노력에 당파 싸움은 조금씩 줄어들었죠. 하지만 이미 원수 사이가 되어 버린 노론과 소론은 계속해서 서로를 증오했어요. 52년 동안 왕위를 지키며 조선 왕조 역사상 가장 장수한 왕으로 이름을 올린 영조였지만, 이 긴 시간도 노론과 소론의 완전한 화합을 이루기엔 부족했던 것이죠. 영조 역시 자신이 성공하지 못했다는 사실을 알고 있었어요. 그럼에도 불구하고 나라를 안정시키기 위한 영조의 노력은 다음 왕인 정조가 조선을 다시 한 번 발전시킬 수 있는 기틀을 만들죠.

조선의 부흥기라 할 수 있는 영·정조 시대가 막을 내린 후, 조선은 하나의 가문이 나라의 권력을 독점하는 세도 정치의 시대로 접어들어요. 세도 정치가 활개를 칠수록 나라의 기강은 점점 흔들렸고, 조선은 본격적으로 몰락의 길을 걷기 시작하죠. 만약 영조의 뜻대로 탕평책이 제대로 시행되어 붕당이 다시 한 번 예전의 건강한 모습을 되찾았더라면 조선 후기의 많은 문제들이 생기지 않았을 텐데 참 아쉬워요.

영조에게 배우는 갈등 조정 - 관용, 공평, 조화

영조는 옳은 의견은 서로 인정하고, 잘못은 너그러이 용서하는 '관용'의 자세로 붕당 사이의 갈등을 극복하고자 했어요. '공평'한 인재 등용으로 능력 있는 신하들이 조화롭게 나랏일을 꾸려갈 수 있도록 하였지요. 영조의 뒤를 이은 정조는 자신의 침실에 "탕탕평평실"(蕩蕩平平室)이라는 현판을 걸었다고 해요. 정조가 영조의 명을 받아 꿈에도 잊지 않고 탕평책을 펴기에 힘썼다는 데서 유래하는 말로 정조의 침실을 이르는 말이지요. 영조와 정조가 갈등을 조정하고 '조화'와 상생의 가치를 실현하기 위해 얼마나 노력했는지 알 수 있는 말이에요.

{ 문제 해결 인성 키워드 5. }
갈등 조정

전쟁터에 온기를 비추는
붉은 십자가를 만든 앙리 뒤낭

"모든 사람은 형제다."

세상에서 가장 슬프고 끔찍한 범죄는 무엇일까요?

아마도 전쟁이 아닐까요? 왜냐하면 인간이 상상할 수 있는 모든 끔찍한 범죄들이 전쟁 중에는 아무렇지도 않게 벌어지니까요.

누군가는 전쟁을 가리켜 '모든 인류 죄악의 총합이자 인류 스스로 파멸의 길을 걷는 행위'라고 했어요.

하지만 거친 황무지에서도 꽃이 피어나듯, 우리는 전쟁터 한가운데에서도 희망을 보아요.

붉은 십자가 마크를 달고 적과 아군을 가리지 않고 전쟁터에서 부상당한 병사들을 치료해 주는 적십자사의 봉사자들에게서 말이죠.

1863년 창설된 국제적십자위원회는 전쟁을 비롯한 재난 상황에서 고통받는 희생자들을 돕기 위해 세워진 인도주의 단체예요.

'국경없는 의사회'를 비롯한 수많은 인도주의 단체가 생겨날 수 있도록 시금석 역할을 했고, 지금도 재난 상황이 발생하면 위험을 무릅쓰고 가장 먼저 재난 현장으로 향하죠.

그 공로를 인정받아 적십자사는 한 번 받기도 힘들다는 노벨 평화상을 1917년, 1944년, 1963년에 걸쳐 세 번이나 받아요.

그런데 놀라운 점은 이 국제적십자위원회가 한 사람의 아이디어에서 탄생했다는 것이죠.

국제적십자위원회의 창립자 앙리 뒤낭은 1828년 5월 8일에 스위스의 제네바에서 태어났어요.

앙리의 집안은 스위스의 지체 높은 귀족 계급이었지만, 그리 부유하지는 못했어요.

하지만 앙리는 어렸을 적부터 돈을 버는 것에는 관심이 없었어요. 그보다는 가난한 사람을 돕기 위해 돈을 쓰는 걸 좋아했지요.

될성부른 나무는 떡잎부터 알아본다고 하죠? 앙리는 청년 시절에 마음이 맞는 친구들과 함께 '기독교청년회'를 만들어요. 제네바에서 시작된 '기독교청년회'는 곧 유럽 전역으로 뻗어 나가죠.

이들의 목표는 청년들이 앞장서서 소외된 사람들을 돕고 더 좋은 사회를 만드는 것이었어요. 이 단체의 약자는 YMCA, 지금 한국을 비롯해 세계적으로 활동 중인 청년단체 YMCA의 창립자가 다름 아닌 앙리 뒤낭이었던 거예요.

YMCA의 중심에서 활발히 활동하던 앙리는 돌연 YMCA 일을 그만 두어요. 새롭게 시작한 사업 때문이었죠. 앙리는 아프리카 알제리의 황무지를 사들여 밀가루를 만드는 제분소를 지으려 했어요. 하지만 그 일은 생각보다 훨씬 많은 돈이 들었죠. 앙리가 알제리에 온 지 5년째 되는 해, 그는 빚더미에 앉고 맙니다.

다급해진 앙리는 프랑스 황제인 나폴레옹 3세를 찾아가 도움을 요청하기로 했어요. 당시 알제리는 프랑스의 식민지였거든요.

나폴레옹 3세는 이탈리아 북부 지역에서 오스트리아와 전쟁을 치루고 있었기 때문에 앙리는 나폴레옹 3세를 만나기 위해 전쟁터로 향하죠. 그리고 그 결정은 앙리의 인생을 완전히 뒤바꿔 놓습니다.

1859년 6월 24일, 앙리는 이탈리아 북부의 솔페리노라는 곳에 도착해요. 마침 그날 프랑스, 이탈리아 동맹군과 오스트리아군이 대규모 전투를 벌였어요.

수많은 군인들이 죽었고, 그보다 훨씬 많은 수의 군인들이 부상을 입고 신음하고 있었죠. 그 모습을 본 앙리는 충격을 받았어요.

'내가 지금 무슨 짓을 하고 있는 거지? 나는 지금 저 사람들을 도와야 해. 그것 말고 더 중요한 건 아무것도 없어!'

그날부터 앙리는 부상병들을 돕기 시작했어요. 그들을 의사가 있는 곳으로 옮겨 주고, 괴로워할 때 함께 기도해 주었죠. 혼자서는 힘에 부치자, 앙리는 인근 도시인 카스틸리오네로 향했어요. 그리고 거리에서 만나는 모든 사람들에게 도움을 청했어요.

"저와 함께 솔페리노로 갑시다! 그곳에 있는 부상병들에게 당신의 도움이 필요합니다!"

앙리의 진심어린 호소에 수많은 사람들이 솔페리노로 향했어요.

그런데 거기서 앙리는 사람들이 적군인 오스트리아군은 돕지 않는 걸 보고 분노해요.

"어떻게 도움이 필요한 사람들을 적군과 아군으로 가를 수 있단 말입니까! 이들 모두가 우리와 같은 인간이지 않습니까."

앙리의 설득에 결국 사람들은 모든 부상병들을 돕기 시작했어요.

 설득자가 원하는 방향으로 상대방을 행동하게 하는 힘을 가진 말하기를 '설득'이라고 해. 갈등을 조정하기 위해서는 주장, 설득, 협의 등 다양한 소통 방법을 활용되지.

앙리는 솔페리노에서의 일을 기록한 〈솔페리노의 회상〉이라는 책을 내요. 이 책은 곧 세계적인 베스트셀러가 되었죠.

앙리는 거기서 그치지 않았어요. 그는 책에 직접 '전쟁 중에 부상병을 돕기 위한 자원봉사자가 모인 단체를 평상시에 만들어 놓으면 어떨까?'라는 의견을 내었고, 실제로 그 단체를 만들기 위해 끊임없이 노력해요.

그 결과, 유럽의 16개국 대표들이 뒤낭의 의견을 받아들여 '제네바 조약'에 서명을 해요.

제네바 조약은 전쟁 중 부상병을 돕는 자원봉사자들은 절대 공격해서는 안 된다는 내용을 담고 있어요. 그리고 자원봉사자들은 그들을 증명할 표식으로 붉은 십자가를 달기로 하죠.

이는 뒤낭이 자신의 조국인 스위스 국기를 색만 반대로 해 만든 것이었어요. 국제적십자위원회의 시작이었죠.

앙리 뒤낭은 적십자 창제의 공을 인정받아 1901년 제1회 노벨평화상을 수상해요. 그리고 1910년 10월 30일, 스위스 하이덴에서 숨을 거두죠.

앙리 뒤낭에게 배우는 갈등 조정 – 설득

우리에게는 어버이날로 익숙한 5월 8일. 그런데 이 날은 앙리 뒤낭의 생일이기도 해요. 그래서 국제적십자위원회는 이 날을 세계적십자의 날로 삼아 앙리 뒤낭의 정신을 기념한답니다. 적군과 아군을 가르지 않고 생명 존중과 인권의 가치를 수호하기 위해 수많은 사람들을 '설득'하고 갈등을 조정해 온 앙리 뒤낭의 정신을 꼭 기억하도록 해요.

문제를 해결하는
인성 키워드

6. 추진력

110 20세기의 위대한 성녀 마더 테레사 수녀
116 조선의 독립을 위해 평생을 바친 백범 김구
122 아무리 힘든 가운데에도 곤충을 관찰한 장 앙리 파브르

{ 문제 해결 인성 키워드 6. }
추진력

20세기의 위대한 성녀
마더 테레사 수녀

"내가 만일 성녀가 된다면 어둠의 성녀가 될 것입니다.
언제나 어둠을 밝히기 위해 세상에 내려가 있을 테니 천국에는 없을 것입니다."

　미국의 하버드대학교 의과 대학에서 흥미로운 연구가 벌어진 적이 있어요. 연구자들은 학생들을 모아 놓고 봉사에 평생을 바친 실제 인물의 일대기를 다룬 영화를 보여 주었어요. 영화가 끝난 뒤 학생들의 신체에는 놀라운 변화가 일어났어요. 외부의 병균들로부터 몸을 보호하는 면역항체가 크게 늘어난 것이죠.

　하버드대학교 의과 대학은 봉사활동을 하거나 다른 사람이 착한 일을 하는 걸 보는 것만으로도 면역항체가 크게 늘어난다는 사실을 밝혀 냈어요. 그리고 이 현상을 '마더 테레사 효과'라고 이름 붙였어요. 학생들이 봤던 영화가 바로 마더 테레사 수녀의 일대기를 다룬 영화였거든요.

　테레사 수녀는 1910년 8월 27일, 현재 마케도니아 공화국의 수도인 스코페에서 태어났어요. 그때 그녀의 이름은 아그네스였죠. 당시 유럽은 제1차 세계 대전이 일어나기 직전으로 몹시 혼란스러운 상태였어요. 시의원을 지내던 아그네스의 아버지도 정치 활동을 하다 독살당해 비극적인 죽음을 맞아요.

아그네스가 9살이 되던 해의 일이었어요. 그 일로 아그네스와 그녀의 가족은 큰 충격을 받았고 서로 극진히 아끼며 상처를 치유해 갔어요. 아그네스는 가족의 막내로 어머니와 언니, 오빠에게 많은 사랑을 받았어요.

하지만 아그네스는 사랑받는 것보다 주는 걸 더 좋아했어요. 그리고 훨씬 많은 사람에게 자신의 사랑을 나누어 주고 싶어 했죠. 그래서 그녀는 가족의 품을 떠나 수녀가 되기로 마음먹었어요. 열여덟 살이 되던 해, 수녀원에 들어간 아그네스는 몇 년 간의 교육을 받은 후 정식으로 수녀가 되었어요. 이때 '테레사'라는 새로운 이름을 받았죠. 아그네스가 테레사 수녀가 되는 순간이었어요.

테레사 수녀가 향한 곳은 인도의 주요 도시 가운데 하나인 콜카타였어요. 그곳에서 그녀가 맡은 임무는 카톨릭학교인 성메리여자고등학교의 교사로서 학생들을 가르치는 것이었죠. 그곳에서 테레사 수녀는 능력을 인정받아 교장으로 임명되었어요.

성메리여자고등학교는 카톨릭 교단의 지원으로 늘 청결함을 유지했고, 그 안에서 생활하는 교사들과 학생들은 지내는 데 불편함이 없었죠. 하지만 학교 담장 너머에 자리 잡은 빈민가는 그야말로 지옥이었어요. 병든 이들은 거리에 널브러져 죽을 날만을 기다리고 있었고, 갓난아이는 먹을 것이 없어서 힘겨운 울음소리만 내었어요. 거리에는 쓰레기가 그득했고, 하천에는 시체가 버려져 있었죠.

그 모습을 본 테레사 수녀는 도저히 가만있을 수 없었어요. 그녀는 뜻을 함께하는 수녀들과 주말마다 빈민가로 가서 봉사활동을 했어요. 하지만 그것만으로는 턱없이 부족했죠. 결국 테레사 수녀는 큰 결심을 합니다.

"교장직을 그만두겠어요. 수녀원에서도 나가겠습니다. 거리에서 빈민들을 돕는 데 모든 걸 바치겠습니다."

 원래 수녀는 수녀원을 벗어날 수 없게 되어 있어요. 전례가 없던 테레사 수녀의 행동에 카톨릭 교단은 당황했어요. 하지만 그녀의 진심에 감명받아 결국 그녀가 떠나는 걸 허락했죠.

 거리로 나선 테레사 수녀는 빈민들을 돕는 데 모든 걸 바쳤어요. 하지만 처음에는 그녀의 진심이 그대로 전달되지 않았어요. 어떤 이들은 테레사 수녀의 행동이 자신들을 카톨릭교도로 귀화시키려는 수작이라고 오해했어요. 그럴 때마다 테레사 수녀는 평온한 미소를 띠고 인도어로 답했답니다.

 "전 인도인이랍니다."

 테레사 수녀는 진심을 보이기 위해 인도로 귀화한 거예요.

 시간이 흐르며 테레사 수녀의 주변에는 그녀와 뜻을 함께하는 이들이 모여들었어요. 모두 테레사 수녀의 진심과 정성에 감복해 사람들을 돕기 위해 모

인 이들이었죠. 테레사 수녀 역시 그들을 진정한 친구로 여겼답니다.

교황청에서는 테레사 수녀의 간청을 받아들여 사회봉사를 위한 교단인 '사랑의 선교회'를 만드는 걸 허락했어요. '사랑의 선교회'의 첫 일은 '죽음을 기다리는 사람들의 집'을 지은 것이었어요. 인도의 거리에는 치료 시기를 놓쳐 죽어 가는 사람들이 넘쳐났어요. 테레사 수녀는 그들이 혼자 고통스러워하는 것을 막기 위해 그 집을 세운 것이죠.

'죽음을 기다리는 사람들의 집'은 곧 수많은 병자들로 가득 찼어요. 그러자 집 주변에 사는 사람들은 병자들의 악취를 견디지 못하고 관공서로 몰려갔어요. 그리고 공무원에게 테레사 수녀를 이 도시에서 내쫓으라고 항의했죠.

계속된 항의에 견디지 못한 공무원은 테레사 수녀를 만나러 갔어요. 그리고 그곳에서 공무원은 병자들을 위해 헌신하는 테레사 수녀의 모습을 보죠. 결국 공무원은 말없이 돌아갔어요. 그리고 항의하는 이들에게 말했죠.

"제가 테레사 수녀를 내쫓고 나면, 그 집 안에서 죽어 가는 이들을 대신 돌봐줄 사람들이 있습니까? 만약 아무도 없다면 저는 그 수녀님을 쫓아낼 수 없습니다."

항의하는 사람들도 그 말에 입을 다물 수밖에 없었죠.

원래 몸이 약했던 테레사 수녀는 나이가 들면서 심장병에 걸려요. 하지만 그러면서도 고통받는 사람들을 위한 봉사를 멈추지 않았죠. 말년에 말라리아에 걸려 죽어 가면서도 병원을 나와 교회에서 봉사를 했어요.

1997년 9월 5일, 마더 테레사 수녀는 우리 곁을 떠났어요. 그날 세계의 모든 사람들은 그녀의 위대한 사랑, 인류애를 기리며 눈물을 흘렸죠.

'20세기 가장 위대한 여성'을 말할 때 첫손에 꼽는 인물인 마더 테레사. 그녀가 세상을 떠난 지 10년도 넘었지만 여전히 세계의 수많은 사람들은 그녀를 '성녀'로 여기며 그리워한답니다.

 국가나 사회 또는 남을 위하여 자신을 돌보지 않고 힘을 바쳐 쓰는 것을 '봉사'라고 해. 또 다른 사람이나 어떤 목적을 위해 자신의 목숨, 명예, 재산, 이익을 바치거나 버리는 것을 '희생'이라고 하지. 이는 모두 다른 사람을 '사랑'하는 마음에서 비롯돼.

마더 테레사에게 배우는 추진력 - 사랑, 봉사, 희생

테레사 수녀가 만든 사랑의 선교회는 지금도 인도 콜카타를 본부로 세계 곳곳에서 '봉사' 활동을 하며 사랑을 설파하고 있어요. 테레사 수녀는 떠났지만 그녀의 '사랑'과 '희생' 정신은 여전히 세상을 아름답게 만들고 있답니다.

{ 문제 해결 인성 키워드 6. **추진력** }

조선의 독립을 위해 평생을 바친
백범 김구

"눈길을 걸어갈 때 어지럽게 걷지 말기를.
오늘 내가 걸어간 길이 훗날 이 길을 걸어갈 사람의 이정표가 되리니."

　사람의 마음이라는 건 참 신기해요. 어느 때는 갈대처럼 일분일초에도 수십 번씩 왔다 갔다 하다가도, 한 번 굳게 뜻을 정하면 태산처럼 평생 변하지 않기도 하거든요.

　이번 이야기의 주인공인 백범 김구 선생님의 마음이 꼭 그랬답니다. 오직 하나의 뜻을 이루기 위해 평생을 바쳤지요.

　조선의 마지막이 다가오던 1876년 8월 29일, 김구는 황해도 해주군에서 태어났어요. 몰락한 양반 집안의 자식이었던 김구는 주변 사람들로부터 갖은 무시를 받았어요. 억울함을 느낀 어린 김구는 결심했죠.

　"과거시험에 급제하자! 그럼 아무도 날 무시하지 못할 거야!"

　원래 아버지의 숟가락을 부러뜨려 엿을 바꿔 먹기도 하는 등 마을의 소문난 장난꾸러기로 유명한 김구였지만, 한 번 결심한 후로는 공부에만 매진했어요.

　어느덧 17세가 된 김구는 처음으로 과거시험을 보러 한양으로 올라가요. 하지만 김구의 눈에 비친 과거시험장은 엉망진창이었어요. 돈과 권력을 가진 이들은 다른 사람을 시켜 대리시험을 보았고, 뇌물을 받아먹은 관리들은 그 사실을 알고도 모른 척했죠. 김구는 크게 실망했어요.

"이래서는 돈 없고 힘없는 나 같은 사람은 과거급제도 하지 못하겠구나. 아니, 급제를 하면 또 무엇하나. 벼슬길에 올라도 할 수 있는 일이 없을 텐데."

혼탁한 세상에서 뜻을 잃은 김구는 고향으로 내려와 아이들을 가르치며 세월을 보냈어요.

김구가 다시 세상에 모습을 드러낸 건 동학농민운동 때였어요. 부패한 조선의 권력층과 외세를 몰아내기 위해 농민들과 함께 무기를 들고 일어선 것이죠. 이때 김구는 어린 나이에도 많은 사람들의 지지를 받으며 황해도 동학군의 대장이 되었어요.

농민들의 봉기에 겁이 난 조선의 권력층은 일본군을 끌어들였어요. 자기 나라의 국민들을 제압하기 위해 외국 군대를 끌어들인 것이죠. 서양의 최신 무기로 무장한 일본군들은 농민들을 무참히 학살했어요. 결국 동학농민운동은 실패로 끝났죠. 김구는 일본군에게 체포당하기 직전에 다행히 몸을 피했어요.

일본군을 피해 이곳저곳을 떠돌아다니던 김구는 남쪽에서 의병 운동이 일어났다는 소식을 듣고 그곳으로 향해요. 그런데 황해도 치하 포구에 도착한 김구의 눈에 수상쩍은 남자가 보였어요. 그 남자는 스스로 조선인이라고 했지만 김구의 눈에는 일본인처럼 보였지요. 사실 그 남자는 일본인으로, 옷 속에 일본도를 숨기고 있었답니다. 당시는 고종의 부인인 명성황후가 경복궁 안에서 일본 무사들의 칼에 맞아 숨을 거둔 지 얼마 되지 않았을 때였어요. 김구는 본능적으로 그 자가 명성황후를 시해한 인물 중 하나라고 생각했어요.

　김구는 아침식사를 마치고 떠나려는 수상한 남자에게 덤벼들었어요. 그리고 칼을 빼앗아 그를 베어 버렸죠. 놀란 사람들이 웅성거리자 김구는 당당하게 외쳤어요.

　"나는 단지 명성황후의 원수를 갚기 위해 이자를 죽인 것이오!"

　김구는 그 사건으로 인해 살인자가 되어 감옥에 갇히게 되었어요. 하지만 김구는 좌절하기는커녕 재소자들에게 글을 가르치며 감옥을 학교로 만들었어요.

　감옥에 갇힌 지 2년 만에 동료들과 탈옥한 김구는 잠시나마 승려 생활을 하기도 했고, 고향으로 내려가 학교를 세워 교육에 힘쓰기도 했어요. 그리고 다른 무엇보다 일본인들을 우리나라에서 몰아내기 위해 노력했지요. 하지만 돌아오는 건 일제의 탄압뿐이었어요. 그는 결국 나라를 지키기 위해서는 나라를 떠나야 한다는 사실을 깨달았어요.

중국 상하이에 자리 잡은 임시정부로 향한 김구는 안창호를 찾아갔어요. 그리고 자신에게 임시정부의 문지기를 시켜 달라고 했죠. 나라를 위해서 아무리 하찮은 일이라도 마다하지 않겠다는 의지를 드러낸 것이었죠.

 김구는 나라의 독립을 위해 한평생을 바쳤어. 마더 테레사와 김구는 인류애나 애국심 같은 큰 가치, 큰 도리를 실현하는 것을 삶의 목표로 삼았어.

그런 김구의 마음을 알아본 안창호는 그를 경무국장(지금의 경찰청장)으로 임명해요.

그 후 김구는 임시정부의 대표가 되어 조선의 독립을 위해 활발한 활동을 했어요. 이봉창 의사의 일왕 암살 시도, 윤봉길 의사의 홍커우 폭탄 투척 의거 등 수많은 독립운동 배후에 김구가 있었어요. 당연히 일본은 김구를 잡기 위해 이를 갈았고, 김구는 이곳저곳을 전전해 가며 피신 생활을 했었죠. 하지만 그러면서도 김구는 더 큰 꿈을 꾸고 있었어요.

김구의 목표는 광복군을 창설해 조선의 영토를 되찾는 것이었어요. 그래야만 조선의 '진정한 독립'이 이루어지는 것이고 다른 나라가 더 이상 조선을 함부로 대하지 않을 것이라 생각했죠.

하지만 김구의 계획은 결국 실패하고 말아요. 히로시마와 나가사키에 원자폭탄을 맞은 일본이 1945년 8월 15일에 항복하면서, 광복군의 진군이 시작되기 직전에 우리나라는 갑작스러운 해방을 맞은 것이었죠. 모든 사람들이 기뻐했지만, 김구만은 외세의 힘으로 해방을 맞은 걸 안타까워했어요.

그리고 곧 김구의 불길한 예상이 맞아떨어졌죠. 제2차 세계 대전의 승전국인 미국과 소련이 한반도를 반으로 나눠 점령해 버린 거예요. 북한을 점령한 소련은 김일성을 내세워 자신들의 괴뢰 정부를 세웠고, 남한 역시 단독 정부를 세우려 했죠. 하지만 김구는 절대 그래서는 안 된다며 반대했어요.

"한 나라에 두 개의 정부라니. 말도 안 되는 소리!"

김구는 38선을 넘나들며 남한과 북한이 함께하는 정부를 세우기 위해 노력했어요. 하지만 그런 그의 모습을 좋지 않게 보는 이들도 있었죠. 특히 어떤 이들은 김구가 김일성과 내통해 남한을 혼란스럽게 만들려 한다며 그를 암살할 계획까지 세웠지요.

1949년 6월 26일, 김구는 육군 소위 안두희에게 총격을 당하고 74세의 나이로 숨을 거두고 말았어요. 만약 김구가 계속 살아서 남북통일을 위해 노력했다면 6.25 전쟁은 일어나지 않았을지도 몰라요. 참으로 안타까운 일이 아닐 수 없어요.

김구에게 배우는 추진력 - 애국심

김구의 호인 백범은 당시 가장 천한 직업인 백정의 '백'과, 흔한 사람이라는 뜻의 범부의 '범'을 따서 지은 것이에요. 백정과 범부마저 자신과 같은 '애국심'을 가지고 있다면 나라의 독립이 곧 올 것이라는 희망과 믿음을 가지고 그런 호를 지은 것이지요. 평생 나라의 독립을 추진할 수 있었던 김구의 의지도 '애국심'에서 비롯되었어요.

{ 문제 해결 인성 키워드 6. }
추진력

가난과 편견에 맞서 싸우며 곤충을 관찰한
장 앙리 파브르

"누구에게나 정신에 하나의 획을 그어 주는 책이 있다."

　프랑스의 곤충학자 파브르가 쓴 〈파브르 곤충기〉는 모든 사람이 아는 유명한 책이죠. 그런데 파브르가 42년이라는 긴 시간 동안 〈곤충기〉를 썼다는 사실도 알고 있나요?

　파브르 이전의 학자들은 곤충을 굳이 연구까지 할 필요도 없는 하찮은 존재로 생각했어요. 곤충학자의 임무는 비슷한 생김새의 곤충들을 찾아내서 분류하는 정도로만 여겼죠.

　파브르는 세상의 편견에서 벗어나 자신의 곤충 연구 기록을 책으로 내기로 마음먹었어요. 딱딱한 연구서가 아니라 곤충의 삶을 이야기 형식으로 기록해 일반인들도 쉽게 읽을 수 있도록 했죠. 그 책이 바로 〈파브르 곤충기〉예요.

　50세에 첫 권을 쓰기 시작한 파브르는, 92세의 나이로 세상을 떠날 때까지 총 10권의 〈곤충기〉를 집필해요. 더욱 놀라운 건 열 권을 모두 출간한 뒤에도 계속해서 〈곤충기〉를 쓴 사실이에요. 만약 파브르가 세상을 떠나지 않았다면, 우리는 11권째의 〈곤충기〉와 만났을지도 몰라요.

　〈파브르 곤충기〉에는 몸을 사리지 않고 곤충을 연구한 파브르의 열정과 책임이 고스란히 담겨 있어요. 파브르의 연구로 인해 현대 곤충학은 크게 발전할 수 있었죠. 그런데 파브르가 그토록 놀라운 곤충 연구의 성과를 이루기 위해서 싸워야 했던 것이 두 가지 있어요. 바로 가난과 편견이죠.

1823년 12월 22일, 파브르는 프랑스의 남부 지방인 생레옹에서 태어났어요. 가난한 농부의 가정에서 태어난 파브르는 초등학교를 졸업하자마자 돈을 벌기 위해 일해야 했어요. 하지만 공부를 정말 좋아했던 파브르는 낮에는 일하고, 밤에는 공부하는 생활을 계속했어요. 그런 노력 덕분에 파브르는 19세의 나이에 사범학교의 근로 학생 시험에 합격해요. 학교 일을 돕는 대신 장학금을 받으며 공부한 파브르는 교사가 되어 학생들을 가르쳐요.

조금이나마 여유가 생기자 파브르는 곤충 연구를 시작해요. 그러던 중, 파브르는 책 한 권과 운명적인 만남을 갖게 되죠. 당시 곤충학 연구의 권위자였던 레옹 뒤푸르라는 학자가 노래기벌의 습성에 대해 쓴 책이었죠. 그걸 본 파브르는 '곤충학'이라는 학문이 있다는 것을 처음 알게 되었어요.

"곤충을 연구하는 학문이 있다니! 이것이야말로 내가 가야 할 길이구나!"

그때부터 파브르는 본격적인 곤충학자의 길을 가기로 마음먹어요. 그가 처음에 한 연구는 뒤푸르의 책을 읽을 때 가진 의문에서 출발했어요.

뒤푸르는, 먹이인 비단벌레를 죽여 집으로 가지고 가는 노래기벌을 관찰했어요. 그런데 비단벌레가 죽은 지 한참이 되어도 썩지 않는 걸 보고는 벌의 독이 방부제 역할을 한다는 결론을 내렸죠.

하지만 파브르는 벌의 독이 방부제 역할을 한다는 것이 이해가 가지 않았어요. 그래서 직접 관찰한 결과, 비단벌레가 죽은 게 아니라 벌의 침에 마비된 상태라는 걸 밝혀냈죠.

1855년, 서른둘의 파브르는 자신의 관찰 결과를 바탕으로 〈자연과학연보〉에 논문을 제출했어요. 곧 파브르는 학계의 주목을 받으며 떠오르는 곤충학자가 되었어요. 하지만 파브르는 곤충학 연구에만 몰두할 수는 없었어요. 어릴 적부터 그의 발목을 잡고 있던 가난 때문이었죠.

　파브르는 돈을 벌기 위해 학교 수업을 하고 논문을 발표했어요. 그러면서 언젠가는 곤충학에 대한 책을 쓰겠다고 마음먹었죠. 하지만 엎친 데 덮친 격이라는 말처럼, 파브르가 학교 교사 자리에서 쫓겨나는 일이 벌어져요. 바로 당시 세상 사람들이 가진 편견 때문이었죠.

　곤충 관찰을 좋아해서 하루 종일 땅만 쳐다보고 있는 파브르를 세상 사람들은 미친 사람 취급했어요. 아예 누군가는 악마를 믿는 사악한 사람이라고 모함하기도 했죠. 하지만 파브르는 다른 사람들의 시선에 신경 쓰지 않고 곤충학 연구를 계속했어요. 그러던 중, 파브르는 자신이 알고 있는 지식을 세상

에 알려주기 위해 여성들을 대상으로 곤충학과 식물학을 가르쳤어요. 그러자 보수적인 생각을 가진 사람들이 화를 냈어요.

"여자가 그런 교육을 받아서 뭐할 거야!"

19세기에는, 여자는 집안일만 잘하면 된다고 생각하는 사람들이 많았어요. 파브르는 그런 편견에 맞서 여성들을 교육했어요. 그러나 이것이 문제가 되어 결국 교사 자리에서 쫓겨나고 말아요.

파브르는 가난과 편견 때문에 원하는 곤충 연구에만 매달릴 수 없었어요. 그러다 50세에 드디어 기회를 잡아요. 그동안 출판한 책의 인세를 모아 세리냥이라는 시골에 곤충 연구를 위한 땅을 마련한 것이죠.

그곳으로 이사한 파브르가 쓴 책이 바로 〈파브르 곤충기〉예요. 이 책에는 곤충 연구에 대한 파브르의 열정이 가득 담겨 있어요.

 어떤 일에 강한 애정을 가지고 그 일에 정신을 쏟는 일을 '열정'이라고 해. 파브르가 42년 동안 10권의 곤충기를 쓴 것처럼, 추진력은 뜨거운 열정에서 비롯돼.

특히 곤충들의 행동에 대한 이유를 찾아낸 점이 놀라워요. 그 전까지만 해도 곤충은 지능이 없는 미물 취급을 받았으니까요. 하지만 파브르는 꾸준한 관찰을 통해 곤충들의 삶에도 인간처럼 질서가 있다는 걸 밝혀냈어요.

곤충에 대한 편견을 없애는 데 큰 공헌을 한 〈파브르 곤충기〉. 이 책이야말로 곤충을 진정 사랑한 파브르가 남긴 가장 위대한 유산이 아닐까 싶네요.

파브르에게 배우는 추진력 - 집중, 열정
<파브르 곤충기>는 곤충학 서적이기도 하지만 문학적인 이야기 구조로도 유명해요. 그래서 문인들 중에서도 <파브르 곤충기>를 좋아하는 사람이 많다고 하네요. 여러분도 한번 읽어 본다면, 파브르가 들려주는 곤충들의 이야기에 흠뻑 빠지게 될걸요? 평생 가난과 편견에 맞서 싸우면서도 자신이 좋아하는 일에 '집중'하고 목표를 향해 '열정'을 쏟아부은 파브르의 추진력이 놀라울 따름이에요.

문제를 해결하는
인성 키워드

7. 팀워크

130 조선을 함께 세운 이성계와 정도전
136 서로 의지하여 비행기를 만든 라이트 형제
142 모두가 하나 되어 왜군을 물리친 진주성 전투

{ 문제 해결 인성 키워드 7. }
팀워크

조선을 함께 세운
이성계와 정도전

"나라도, 임금도, 백성을 위해 존재할 때만 가치가 있다."

918년에 왕건이 고려를 세운 후, 고려는 400여 년 동안 한반도를 다스렸어요. 처음에는 왕건의 뜻을 이어 태평성대를 이루었지만, 시간이 흐르면서 문제점들이 나타나기 시작했죠. 문신귀족과 무신들이 서로 정권을 차지하기 위해 싸우는 바람에 애꿎은 백성들만 고통받는 날들이 늘어났어요. 그러다 중국 대륙을 지배한 원나라의 대규모 침공으로 인해 원의 부마 국 신세가 되고 말죠.

'왕의 사위'를 뜻하는 부마라는 말 그대로, 고려의 왕들은 원나라의 공주를 아내로 맞이해야만 했어요. 그러면서 고려는 원나라의 속국이나 다름없게 되었어요.

그런데 더욱 문제는 이런 위기 속에서 고려의 신하라는 자들이 원나라의 편에 붙어 자신의 잇속을 채우기에만 급급했다는 거예요. 그러다 보니 나라 꼴은 점점 엉망으로 변해 갔죠. 그런 혼란스러운 상황 속에서 정도전이라는 인물이 나타났어요.

정도전은 어린 시절부터 학식이 뛰어나고 강직한 성품을 지니고 있었어요.

그는 젊은 나이에 벼슬을 시작하자마자 망해 가는 고려를 되살리기 위해 온갖 노력을 했어요.

그 즈음 중국 대륙은 거대한 역사의 흐름 앞에 직면해 있었는데, 원나라가 서서히 몰락하고 주원장이 세운 명나라가 새로운 대륙의 지배자로 자리 잡아 가고 있었어요. 그 사실을 안 정도전은 원나라와의 관계를 끊고 명나라와 손을 잡자고 주장했죠.

하지만 당시 고려의 지배층이었던 권문세족들은 원나라의 비호를 받고 있었어요. 결국 정도전은 벼슬자리에서 쫓겨나 이리저리 떠도는 신세가 되고 말죠.

전국을 떠돌던 정도전의 눈에 보인 건 어떠한 희망도 없이 살아가는 백성들의 모습이었어요. 그들의 비참한 삶을 지켜보던 정도전은 큰 결심을 하게 됩니다.

'이제 고려에는 더 이상 어떤 희망도 없다. 백성들을 위해서는 새로운 나라가 필요하다!'

백성을 위해 새로운 나라를 세운다는 정도전의 신념은 실로 놀라운 것이었어요.

 굳게 믿는 마음을 '신념'이라고 해. 정도전은 왕과 귀족의 나라가 아닌 백성을 위한 나라가 필요하다는 굳은 마음을 가지고 있었어.

당시 고려는 왕과 귀족들의 세상이고, 백성들은 왕과 귀족을 위해 봉사하는 존재로만 생각했으니까요. 정도전은 처음으로 그 생각을 뒤집고, 나라 위에 백성이 있다고 생각한 것이죠.

　새로운 나라를 만들겠다고 생각한 정도전은 곧바로 이성계를 찾아갔어요.
　당시 이성계는 백성들 사이에서 '고려의 수호신'이라고 불릴 정도로 신망이 높은 존재였어요. 국력이 약해진 고려의 영토를 침략하기 위해 사방팔방에서 쳐들어오는 외적들을 모두 물리치면서 한 번의 패배도 용납하지 않았죠. 하지만 이성계가 보여 준 놀라운 공적에도 불구하고 고려 왕실은 그를 찬밥 취급했어요. 그가 중앙의 귀족 출신이 아닌 변방 출신의 무인이라는 어처구니없는 이유 때문이었죠.
　정도전은 이성계 역시 고려에 불만이 많은 걸 알고 있었어요. 그리고 고려를 무너뜨리기 위해서는 이성계의 군대가 꼭 필요하다고 생각했지요.
　정도전과 이성계가 처음으로 만났을 때, 정도전은 이성계의 군사를 보며 감탄해요.

"훌륭하군요. 이만한 군대라면 무슨 일인들 못하겠습니까?"

그 말을 들은 이성계는 경계하는 눈빛으로 대답해요.

"그게 무슨 말이오?"

그러자 정도전은 짐짓 모른 척하며 말을 돌리죠.

"이 정도면 왜구를 무찌르기에 충분할 거라는 말입니다."

이 짧은 대화 속에서 정도전과 이성계는 서로의 마음을 꿰뚫어 보아요. 그리고 앞으로 고려를 무너뜨리고 새로운 세상을 세우기 위해 힘을 합치기로 하죠.

 굳게 믿고 서로 의지하는 마음을 '신뢰'라고 해. 정도전과 이성계는 신뢰를 바탕으로 힘을 합쳐 조선을 건국했어.

여기서 놀라운 점은 정도전은 자신이 새로운 나라의 왕이 될 마음을 먹지 않았다는 거예요. 사람이라면 권력을 독차지할 욕심이 생길 법도 하건만, 정도전은 자신보다 이성계가 왕에 더 어울린다고 보았어요.

이성계에게는 적도 친구로 만들 정도의 호방함이 있었어요. 실제로 전쟁 중에 포로로 잡은 적을 설득해 자신의 부하로 만든 적도 있었다고 해요. 그리고 새로운 나라를 세우는 와중에 적으로 만난 이들도 과거 친구였던 인연을 생각해 쉽사리 해치우지 못했다고 해요. 정도전은 그러한 이성계의 성격이 백성들을 다스려야 하는 왕에 어울린다고 여겼던 것이죠.

1392년, 드디어 정도전과 이성계는 고려를 무너뜨리고 조선을 세워요. 이성계는 조선의 태조가 되었고, 정도전은 개국공신이 되어 조선의 기틀을 잡아 나가죠.

백성을 위한 나라를 세우겠다고 결심한 정도전은 백성을 위한 제도를 만들어 나가요. 너무도 급진적인 정도전의 개혁 정책은 다른 세력들의 반감을 불러일으켜요. 하지만 정도전은 지금이 아니면 기회가 없다는 생각에 계속해서 자신의 계획을 밀어붙이죠.

결국 외톨이가 된 정도전은 이성계의 다섯째 아들인 이방원에 의해 목숨을 잃고 말아요. 아들의 손에 자신이 가장 아끼던 신하이자 친구를 잃은 이성계는 스스로 왕위에서 물러납니다.

결국 순탄치 않은 생을 보낸 정도전과 이성계. 하지만 이들이 기틀을 잡은 덕에 조선이 500년이라는 긴 시간 동안 지속되었다는 것은 누구도 부정할 수 없는 사실이랍니다.

이성계와 정도전에게 배우는 팀워크 - 신념, 신뢰

정도전이 쓴 글을 모아 그의 호를 따서 이름을 지은 <삼봉집>이라는 책에 보면 "임금도, 백성을 위해 존재할 때만 가치가 있다."라는 말이 나와요. 백성을 그 누구보다 중요하게 여긴 정도전의 '신념'을 잘 알 수 있는 부분이에요. 오로지 그 신념을 이루기 위해 이성계와 손을 잡고 새 나라 조선을 건국한 것이지요. 이성계와 정도전의 조선 건국 과정을 살펴보면 '신뢰'를 바탕으로 한 팀워크가 얼마나 큰 힘을 발휘하는지 깨달을 수 있어요.

{ 문제 해결 인성 키워드 7. }
팀워크

서로 의지하여 비행기를 만든
라이트 형제

"꿈이 그만한 가치가 있다고 믿는다면, 꿈만 좇는 바보처럼 보여도 좋을 것이다."

　먼 옛날, 인간은 도구를 만들기 시작하면서 행동의 자유를 얻었어요. 도끼와 톱으로 숲길을 헤쳐 나갔고, 배를 타고 강과 바다 너머 새로운 세상으로 향했죠. 집 짓는 기술의 발전으로 덥고 추운 곳에서도 살 수 있었고, 동물들을 길들여 만든 탈것으로 아무리 먼 대륙도 횡단해 나갔어요.

　하지만 최근까지 인간에게 허락되지 않은 공간이 있었죠. 바로 하늘이었어요. 수많은 사람들이 하늘을 나는 도구를 만들려 했어요. 그중에는 중세의 위대한 화가이자 발명가인 레오나르도 다빈치도 있었죠. 하지만 다빈치 역시 생각에만 그쳤을 뿐, 정말 하늘을 나는 도구를 만들지는 못했어요. 이렇게 사람이 새처럼 하늘을 난다는 것은 결코 쉬운 일이 아니었어요. 하지만 오히려 쉬운 일이 아니었기에 더욱 수많은 사람들이 하늘을 나는 도구를 만들기 위해 열정을 불태웠어요. 라이트 형제도 그중 하나였죠. 아니, 둘이라고 해야겠네요.

　라이트 형제의 형 윌버 라이트는 1867년 4월 16일에 미국 인디애나 주에서 태어났어요. 그로부터 4년 후인 1871년 8월 19일에 동생 오빌 라이트가 태어났죠. 이들 형제는 어렸을 적부터 기계에 관심이 많았어요. 특히 어린 시절 아버지가 사다 주신 헬리콥터 장난감에 '박쥐'라는 이름을 붙이고는 매일 하늘로 날려 보냈죠. '박쥐'가 부서지자 자기들끼리 새로운 헬리콥터 장난감을 만들어 내서 '박쥐 2호', '박쥐 3호', '박쥐 4호'라는 이름을 지어 주기도 했어요. 헬리콥터 장난감을 계속 만들어 낼수록 라이트 형제의 마음속에 자리 잡은 비행에 대한 호기심은 커져만 갔어요.

처음부터 라이트 형제가 비행기를 만들기로 결심한 건 아니었어요. 형 윌버는 아버지의 뒤를 이어 목사가 되기를 원했죠. 하지만 윌버는 고등학교에서 하키 시합을 하던 중 상대편의 하키 채에 맞아 얼굴에 큰 상처를 입고 말아요. 그때 이후로 자신감이 사라진 윌버는 고등학교를 그만두고 집에 틀어박혀 지내죠.

그런 윌버에게 다시 세상 밖으로 나설 수 있는 용기를 준 사람이 바로 동생 오빌이에요. 오빌은 고등학교를 중간에 그만두고 인쇄소를 차리는데 그때 형 윌버에게 도움을 요청하죠. 손재주가 뛰어났던 윌버는 오빌이 인쇄기를 만드는 데 큰 도움을 줘요.

얼마 후 전국에 자전거 열풍이 불기 시작했고 이에 맞춰 윌버와 오빌은 함께 자전거 가게를 차려요. 자전거에 대해 아무것도 몰랐던 라이트 형제는 자전거 한 대를 완전히 분해한 뒤 다시 조립하는 과정을 반복해요. 그러면서 스스로 자전거의 원리에 대해 깨우치고 직접 자전거를 만들기까지 해요. 라이트 형제의 손재주가 얼마나 뛰어난지 알 수 있는 대목이지요.

윌버는 자전거 가게를 하며 자신감을 완전히 회복해요. 그러면서 어린 시절 꾸었던 꿈을 다시 떠올리죠. 비행기를 만들겠다는 꿈 말이에요.

그러던 중, 윌버는 신문을 통해 오토 릴리엔탈이 사망했다는 소식을 접해요. 릴리엔탈은 자신이 직접 만든 글라이더로 2천여 번의 비행에 성공한 독일의 과학자였어요. 그러던 그가 그만 돌풍 때문에 추락사하고 만 것이죠.

그 전까지 만난 적도 없던 릴리엔탈의 기사를 본 윌버는 강한 책임감을 느껴요.

"내가 릴리엔탈의 뒤를 이어 꼭 비행기를 만들고 말겠어."

오빌 역시 형을 돕기로 다짐하죠. 그때부터 라이트 형제는 본격적으로 과학 공부를 하며 비행기를 만드는 데 몰두해요. 그들이 구상한 방식은 바람을 타고 나는 글라이더에 프로펠러 엔진을 달아 비행 시간을 늘리는 것이었어요.

당시 각 나라 최고의 과학자들은 비행기를 만드는 데 모든 노력을 기울였어요. 한낱 자전거 가게 주인인 라이트 형제가 성공할 거라 여긴 사람은 아무도 없었죠. 그런데 이들에게는 다른 사람이 가지지 못한 무기가 하나 있었어요. 바로 성실함을 바탕으로 한 협동심이었어요.

이들은 하루에 20번씩 비행 실험을 계속했어요. 서 달이 되니 그들이 한 비행 실험 횟수는 1천 번이 되었죠. 그토록 꾸준히 실험을 하면서 라이트 형제는 많은 것들을 알게 되었어요. 비행기 역시 자전거처럼 사람의 운전을 통해 균형을 잡아야 한다는 것이었고, 변덕스러운 바람을 측정하기 위해 풍동이라는 장치를 직접 만들기도 했어요.

드디어 수천 번의 실험 끝에 그들은 플라이어(flyer : 비행사) 1호를 완성해요.

1903년 12월 17일, 그들은 근처 모래 언덕으로 가서 비행 실험을 하기로 해요. 마을 사람들을 모두 초대했지만 온 사람이라고는 아이 한 명과 구급대원들뿐이었어요. 결론부터 말하자면, 마을 사람들은 세기의 구경거리를 놓친

거예요. 세계 최초로 비행기가 하늘을 나는 장면 말이죠!

플라이어 1호가 난 시간은 고작 12초밖에 되지 않았어요. 하지만 그 12초로 인해 인류는 하늘을 날 수 있는 비밀을 풀게 되었어요.

이 영광스러운 비행기에 올라탄 사람은 형 윌버였어요. 동생 오빌 역시 그 영광을 놓치고 싶지는 않았겠죠. 하지만 그동안 형의 노고를 잘 알고 있었기에, 형에게 첫 비행을 양보한 것이었어요.

미국의 자전거 수리공 형제가 역사적인 첫 비행에 성공했다는 소식은 전 세계를 발칵 뒤집었어요. 그 사실을 믿지 못하는 사람들은 라이트 형제가 사기꾼이라고 외쳤고, 질투심에 가득찬 과학자들은 라이트 형제가 자신들의 연구 업적을 빼돌린 도둑이라고 몰아붙이기도 했죠.

하지만 시간이 흘러 질투와 비방은 모두 사라지고, 지금은 세계 최초로 비행기를 만든 라이트 형제에 대한 찬사만 남았어요. 결국 진실이 승리하는 법인 거죠.

라이트 형제에게 배우는 팀워크 - 의지

라이트 형제가 없었다 하더라도 결국 비행기는 발명되었을 거예요. 하지만 지금의 모양과는 다를 거라는 의견이 많아요. 라이트 형제가 있었기에 지금의 비행기 모양이 자리 잡게 된 거죠. 첫 시작이 얼마나 중요한지를 알려주는 예라 할 수 있으며, 어떤 일을 이루고자 하는 '의지(意志)'의 마음과, 그 일을 이루기 위해 '의지(依支)'할 수 있는 대상이 있다는 것이 얼마나 중요한지 깨닫게 됩니다.

{ 문제 해결 인성 키워드 7. **팀워크** }

모두가 하나 되어 왜군을 물리친
진주성 전투

"나는 충의로 맹세하거니와 반드시 진주성을 지켜 승전의 근본으로 삼을 것이다.
우리가 힘을 합쳐 싸우면 무엇이 두려울 것인가?"

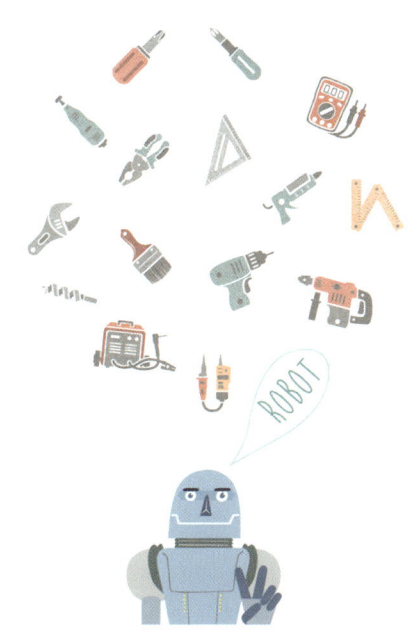

 '충무공*' 하면 누구나 떠올리는 장군이 있죠. 바로 바다에서 왜군들을 물리친 이순신 장군이에요. 하지만 임진왜란 당시 육지에 또 한 명의 충무공이 있었답니다. 바로 진주대첩의 주인공 충무공 김시민 장군이에요.

 일본은 어떻게든 빨리 전쟁을 끝낼 생각으로 무섭게 달려들었어요. 하지만 조선은 결코 만만한 상대가 아니었어요. 육지에서는 의병들이 일어나 일본군과 치열한 전투를 벌였고, 바다에서는 이순신이 일본 수군들을 무참히 바다로 가라앉혔어요.

 전쟁이 길어질 기미가 보이자 왜군은 일단 집결해 경상도를 점령하기로 했어요. 거기서부터 차근차근 세력을 키워 나갈 생각이었던 거죠.

 하지만 다른 지역은 모두 쉽게 점령했는데, 단 한 군데 진주성만은 쉽사리 점령되지 않았어요.

 진주성은 절벽과 강으로 둘러싸인 천혜의 요새이기도 했고, 진주성의 책임자인 진주목사 김시민 장군의 저항이 완강했거든요.

---

* 나라에 무공을 세워 죽은 후 '충무(忠武)'라는 시호를 받은 사람을 높여 이르는 말. 대표적 인물에 이순신, 김시민, 남이 등이 있다.

진주성은 왜군의 입장으로는 꼭 빼앗아야만 하는 곳이었고, 반대로 조선군의 입장에서는 죽어도 지켜야 하는 곳이었어요. 진주성을 빼앗기면 경상도 전체가 넘어가는 것이었고, 그렇게 되면 전라도가 함락되는 것도 시간 문제였거든요.

그 사실을 잘 알고 있었던 왜군은 군사를 모아 진주성을 치기로 했는데, 군사의 수가 무려 3만 명이나 되었어요. 그렇다면 진주성을 지키는 군사의 수는 몇이나 되었을까요? 안타깝게도 3,800명밖에 되지 않았어요.

자신들보다 10배나 많은 수의 일본군이 쳐들어온다는 소식을 듣자 장수들은 성을 버리고 도망칠 계획을 세웠어요. 하지만 김시민 장군은 절대 그럴 수 없었어요.

"진주성을 버리면 조선은 끝장이다! 우리는 여기서 목숨을 건다!"

김시민 장군은 곧바로 전라 의병장 최경회와 경상 의병장 곽재우에게 도움을 청했어요. 그리고 성 안의 모든 사람들을 불러 모아놓고 목숨 바쳐 싸울 것을 호소했죠. 백성들은 김시민 장군의 뜻을 따르기로 마음먹었어요.

1592년 음력 10월 4일, 드디어 진주대첩의 막이 올랐어요.

먼저 도착한 왜군의 선발대 1만여 명을 시작으로, 10월 5일에는 3만여 명의 왜군들이 모여 진주성을 둘러쌌어요.

하지만 그들은 쉽사리 성을 공격하지는 못했어요. 산에 숨어 있던 조선의 의병대가 왜군의 뒤를 노리고 있었기 때문이었죠. 또한 왜군들은 김시민 장군의 심리전에 깜빡 속아 넘어가기도 했어요. 김시민 장군은 전력의 열세를 숨기기 위해 백성들에게 군복을 입히고 군기를 흔들게 했는데, 그걸 본 왜군들이 진주성에 의외로 군사들이 많다고 생각하고 겁을 집어먹은 것이죠.

10월 6일이 되자, 왜군은 드디어 성을 공격하기 시작했어요. 왜군들은 조총을 쏘며 돌격했고, 조선군은 대포를 쏘며 맞섰죠. 하지만 아무리 대포를 쏜다 해도 물밀 듯 밀려오는 왜군을 모두 막아 낼 수는 없었어요.

　이때 백성들이 스스로 전장에 뛰어들었어요. 그들은 돌을 모아 왜군들을 향해 던졌고, 뜨거운 물을 끓여 성벽을 기어오르는 왜군들에게 끼얹었죠. 나라를 지키기 위해 스스로 목숨을 걸고 나선 백성들이 있었기에 진주성은 지켜질 수 있었어요.

　낮 동안 치열한 싸움을 하고 난 뒤, 밤이 되면 김시민 장군은 왜군들의 마음을 흔들어 놓으려는 심리전을 벌였어요. 거문고를 타고 퉁소를 불어 애달픈 음색으로 고향을 떠난 지 한참 된 일본군들의 마음을 뒤흔든 것이죠. 자연스레 일본군의 사기는 떨어져 갔어요.

　시간이 흐를수록 진주성 안의 물자는 떨어져 갔고, 김시민 장군은 화살을 아끼고 돌을 던지라고 명했어요. 그런데 이상하게도 조선군의 사기는 올라갔어요. 군인과 백성들이 똘똘 뭉쳐 하나가 되었기 때문이죠.

 서로 마음과 힘을 하나로 합하는 것을 '협동'이라고 해.

　며칠 동안의 공격이 수포로 돌아가자 악에 받친 일본군은 10월 9일, 총공격을 명했어요.

　그로 인해 성벽 한 편이 무너지고 조선군과 일본군이 서로 뒤엉켜 싸우게 되었죠. 그야말로 아비규환이 따로 없었어요. 김시민 장군 역시 몸을 사리지 않고 선두에 서서 일본군들을 베어 넘겼죠.

　시간이 흐르며 점점 전세는 조선군에게 유리하게 흘러갔어요. 승리가 눈앞에 있었죠.

하지만 그때 "탕!" 하는 소리와 함께 김시민 장군이 쓰러졌어요. 시체 사이에 숨어 있던 왜군이 김시민 장군을 향해 조총을 쏜 것이에요. 김시민 장군은 결국 의식을 회복하지 못하고 숨을 거두고 말아요.

참으로 안타까운 죽음이었지만, 김시민 장군이 이뤄 낸 성과는 실로 대단했답니다.

음력 10월 10일, 6일 간의 피비린내 나는 진주대첩은 조선군의 대승으로 끝났어요.

일본군은 1만여 명의 병사가 사망해 전체 병력의 삼분의 일을 잃고 말았죠.

이 진주대첩의 승리로 인해 조선은 임진왜란에서 승기를 잡을 수 있었어요.

진주대첩의 승리는 김시민 장군의 승리임과 동시에 조선 전체의 승리라고 할 수 있어요. 성 안에서 목숨 걸고 싸운 백성들과, 성 밖에서 왜군들을 유인한 의병들이 아니었다면 이런 기적 같은 승리를 어떻게 이뤄 낼 수 있었겠어요.

진주성 전투에서 배우는 팀워크 - 협동

3천 명 남짓한 군사로 3만 명에 이르는 적군과 당당히 맞서 싸운 진주대첩. 이것은 서로 믿고 '협동'하지 않았다면 불가능한 성과였을 거예요. 하지만 이듬해인 1593년, 진주성은 결국 왜군의 손에 넘어가고 말아요. 그때 또 한 명의 의인이 나오죠. 바로 일본 왜군 장수를 안고 남강에 몸을 던진 열녀 논개랍니다.